AVIS. — Cette pièce ne sera pas reproduite dans les publications à 20 c.

THÉATRE DU VAUDEVILLE.

LA BATAILLE DE LA VIE

PIÈCE EN TROIS ACTES, MÊLÉE DE CHANT

Par MM. MÉLESVILLE et ANDRÉ DE GOY

Représentée, pour la première fois, à Paris, sur le théâtre du VAUDEVILLE,
le 3 septembre 1853.

PRIX : 60 CENTIMES.

Paris

BECK, LIBRAIRE, RUE DES GRANDS-AUGUSTINS, 20

—

1853

YTh
349

AVIS. — Nulle traduction de cet ouvrage ne pourra être faite sans l'autorisation expresse et par écrit des auteurs, qui se réservent en outre tous les droits stipulés dans les conventions intervenues ou à intervenir entre la France et les pays étrangers, en matière de propriété littéraire.

LA BATAILLE DE LA VIE,

PIÉCE EN TROIS ACTES, MÊLÉE DE CHANT,

Par MM. MÉLESVILLE et ANDRÉ DE GOY,

Représentée, pour la première fois, à Paris, sur le théâtre du VAUDEVILLE, le 3 Septembre 1853.

PERSONNAGES.	ACTEURS.
LE DOCTEUR JEDLER............................	MM. Lepeintre aîné.
MICHAEL WARDEN...............................	Aubrée.
SMITCHEY, homme de loi........................	Léonce.
ALFRED MILSON, neveu et pupille du docteur Jedler...	Speck.
BRETAGNE, domestique du docteur Jedler..........	Chaumont.
UN MUSICIEN.................................	Lange.
MARION, fille du docteur Jedler..................	Mmes Teisseire.
LUCY, idem.................................	Emma Chevalier.
CLÉMENCE, servante...........................	Lorentine Léon.
Paysans....................................	

La scène se passe en Angleterre.

S'adresser, pour la musique exacte, à M. R. Taranne, 15, rue Montmartre.

ACTE PREMIER.

Le théâtre représente l'intérieur d'un verger ; à droite du public, une jolie maison environnée de fleurs, et garnie de persiennes vertes ; à gauche, un pommier qui se détache d'un massif d'arbres fruitiers. Un banc sur l'avant-scène ; au fond, une haie de clôture avec grille au milieu. On aperçoit dans le lointain le clocher du village.

SCÈNE PREMIÈRE.

CLÉMENCE, BRETAGNE.

(*Clémence est montée sur une échelle appuyée contre le pommier, et cueille des fruits qu'elle met dans un panier. Bretagne, assis sur le banc près de la maison, un livre à la main, paraît être absorbé dans ses réflexions.*)

CLÉMENCE, *à elle-même* (1). Dire que nos premiers parents se sont fait mettre à la porte pour avoir mangé des pommes ! Et des pommes vertes, peut-être !.. Ça me passe !

BRETAGNE, *à lui-même en se grattant le front.* De l'emploi du temps !.. Voilà une heure que je suis là... les bras croisés... pour tâcher de comprendre !..

1 C. B.

CLÉMENCE, *l'appelant.* Monsieur Bretagne, avez-vous mis le couvert sous les arbres, comme l'a recommandé le docteur Jedler ?

BRETAGNE.

Air : *De sommeiller encor, ma chère.*

Non, non, je n'ai pas pu, Clémence...
Ce chapitre... l'emploi du temps...
Absorbe mon intelligence,
Et je ne puis en découvrir le sens !..

CLÉMENCE, *descendant de l'échelle.*

Dam' ! mon esprit n' vaut pas le vôtre !..
Mais moi, dès que le jour paraît,
J' commenc' ma b'sogn' par un bout, puis par l'autre,
Et mon travail se trouve fait !

BRETAGNE, *se levant.* Hé... hé... c'est une solution !..

CLÉMENCE, *s'approchant avec son panier plein de pommes.* A propos, monsieur Bretagne... vous qui savez tout... dites-moi donc pourquoi les dommes ont causé des désagréments jadis à nos premiers parents?

BRETAGNE, *d'un air de docteur.* Oh! oh! Clémence!.. c'est un autre chapitre, ceci!.. Des inconvénients de la gourmandise... (*Prenant une pomme et mordant dedans.*) Parce que la gourmandise... (*Mangeant sa pomme.*) Mais c'est au-dessus de votre portée!

CLÉMENCE, *l'admirant.* Est-il savant!.. est-il savant!..

BRETAGNE, *gravement.* C'est tout simple, quand on a passé dix années de sa vie dans les livres!

CLÉMENCE. Dans les livres?

BRETAGNE. Comme garçon libraire d'un des premiers magasins de Londres... c'est là que j'ai dévoré tous les traités de philosophie...

CLÉMENCE. De phi... lo...

BRETAGNE. De l'esthétique... de la dynamique...

CLÉMENCE, *l'admirant de plus en plus.* Lady... manique!.. Ah!..

BRETAGNE. Ces différents systèmes m'avaient mis la tête à l'envers... si bien qu'à force de penser, je n'avais plus une idée!.. Quand, par malheur, mon patron trouva que je lisais trop, et que je ne vendais pas assez!.. Il me congédia!.. J'entrai alors chez une fabricante de corsets de Charing Cross, qui me faisait porter ses mensonges dans de petits cartons recouverts de toile cirée!.. ce qui ébranla quelque peu ma confiance dans l'espèce féminine! (*Ouvrant son livre.*) Oh! les femmes!.. chapitre 23!.. de leurs défauts!.. c'est le plus long de l'ouvrage!..

CLÉMENCE, *riant niaisement.* Ça doit être drôle!

BRETAGNE. C'est alors que je me suis retiré chez le docteur Jedler, dont j'ai consenti à devenir le disciple.

CLÉMENCE. Tiens! je croyais que nous étions ses domestiques!

BRETAGNE. C'est la même chose!.. Le docteur qui est un grand philosophe...

CLÉMENCE, *ébahie.* Not' maître?.. du tout!.. c'est un brave médecin de campagne... qui adore ses filles... deux anges que j'ai vus naître... car je n'avais guère plus de dix ans quand l'aînée vint au monde!.. Aussi, je me jeterais au feu pour elles, pour le docteur, un digne homme... qui traite tout en riant,.. excepté ses malades!..

BRETAGNE, *Justement!.. il rit de tout!.. c'est ce qui prouve sa profondeur!.. Je ne lui reproche qu'une chose... c'est de n'avoir qu'une seule formule.

CLÉMENCE. Pour ses ordonnances de médecine?

BRETAGNE. Hé! non... une manière de formuler.. un.... une... (*Impatienté.*) Enfin, une formule!..

CLÉMENCE, *l'admirant.* Est-il savant, mon Dieu!

BRETAGNE. Quand il a dit que la vie est une bataille... où chacun s'escrime d'estoc et de taille... sans trop savoir pourquoi... il a tout dit... ce qui me plonge dans une grande perplexité... car enfin, le grand Aristote soutient...

SCÈNE II.

LES MÊMES. LUCY ET MARION, *se tenant enlacées dans les bras l'une de l'autre.*

MARION, *qui a entendu les derniers mots, et souriant.* Le grand Aristote va encore te faire oublier le déjeuner, mon pauvre Bretagne.

BRETAGNE, *surpris.* Oh! ces demoiselles!

LUCY, *à Bretagne.* Mon père ne peut tarder à rentrer!

CLÉMENCE, *regardant Marion.* Et c' déjeuner-là... c'est presque le repas d'affiançailles de M. Alfred et d' not' bonne petite Marion!

BRETAGNE, *bas.* De fiançailles!.. tâchez donc de parler proprement! Clémence! (*Les deux sœurs ont été s'asseoir sur le banc, et cueillent quelques fleurs, dont Lucy fait un bouquet.*)

CLÉMENCE, *avec un petit soupir, et reprenant son panier.*) Ah! je voudrais bien que ce fût mon tour!

BRETAGNE, *bas.* Votre tour de faire quoi?

CLÉMENCE, *de même.* De me marier donc!..

BRETAGNE, *de même et avec dédain.* Vous avez peu de chances, ma chère.

CLÉMENCE, *de même.* Vous croyez?!.. Mais vous, monsieur Bretagne, pourquoi ne pas vous marier? Une femme serait si heureuse avec vous!

BRETAGNE. Vous êtes une bonne fille, Clémence... cependant, je ne suppose pas que vous ayez la moitié d'une idée dans la tête!

CLÉMENCE, *naïvement.* Je ne le suppose pas non plus, monsieur Bretagne!..

BRETAGNE. Alors, vous ne pouvez comprendre que l'appétibilité...

LUCY. Eh bien! Bretagne!

BRETAGNE. Je vous expliquerai ça plus tard!.. (*Prenant le panier.*)

ENSEMBLE.

Air : *Pour tout plaisir.* (Le Sopha.)

A $^{vos}_{nos}$ travaux,

A $^{vos}_{nos}$ fourneaux,

L'heure $^{vous}_{nous}$ invite,

A $^{vos}_{nos}$ travaux,

A $^{vos}_{nos}$ fourneaux,

Retour$^{nez}_{nons}$ bien vite.

(*Il rentre avec Clémence dans la maison.*)

SCÈNE III.

LUCY, MARION (1).

MARION. Quelle belle journée!..

1 L. M.

LUCY. Bien belle, chère Marion... car c'est aujourd'hui l'anniversaire de la naissance!..

MARION, *gaiement.* J'ai déjà dix-huit ans?.. Comme je suis vieille!

LUCY, *l'embrassant.* J'ai voulu être la première à t'embrasser!

MARION. Bonne sœur... et mère chérie... devrais-je ajouter! N'est-ce pas toi, en effet, qui depuis mon enfance, as remplacé celle que Dieu nous a enlevée!..

LUCY. Comme l'aînée!.. c'était mon droit!

MARION. Oh! ton droit d'aînesse, ma Lucy, c'est surtout celui que t'assurent ta bonté, ta tendresse pour moi...

LUCY. Oh! . oui, je donnerais tout au monde pour te savoir heureuse autant que je t'aime!..

MARION, *la regardant avec tendresse.* Et moi, je voudrais reporter sur toi tout le bonheur qui m'est destiné...

LUCY. Enfant! qu'aurais-je à désirer quand tu seras la femme d'Alfred?

MARION. De notre cousin?.. Pourquoi donc me parles-tu toujours de lui?

LUCY. Parce qu'il t'aime, Marion... parce qu'il n'a pas une pensée... qui ne se rattache à toi! (*Avec abandon.*) C'est un cœur si loyal, si généreux!

MARION, *se levant et regardant sa sœur.* Quel enthousiasme!.. (*A part.*) Voilà déjà plusieurs fois!..(*Haut et d'un ton enjoué.*) Mon Dieu! Lucy, je sais tout cela... et je l'aime aussi de toute mon âme, ce bon Alfred... N'a-t-il pas été élevé avec nous?.. Dès notre enfance, ne l'appelions-nous pas toutes deux, notre petit mari?.. C'était notre seule querelle!

LUCY, *souriant.* Oui, querelle de petites filles, qui jouent encore à la poupée!

MARION. Comment n'aurait-il pas tout mon amour! (*Changeant de ton.*) Mais, je lui en veux depuis hier.

LUCY. Bah!

MARION, *d'un petit air boudeur.* C'est un tyran, sans que ça paraisse!

LUCY. Alfred?

MARION. Parce qu'il part aujourd'hui... n'a-t-il pas voulu passer une soirée de famille? Cela nous a fait manquer le bal de mistress Neuwcome, notre voisine; et pourtant, quelle fête je me faisais de danser à ce bal! J'en ai rêvé toute la nuit; j'entendais les valses les plus ravissantes!

Air de M. Montaubry.

Dans ce beau songe,
Joyeux mensonge,
A chaque coup d'archet,
Mon pied s'élançait;
La tête me tournait...
L'orchestre m'enivrait,
Et de plaisir... oui, de plaisir, mon cœur battait.

La valse à peine finie,
Une autre encor plus jolie,
Soudain vient à retentir...
          (*Avec regret.*)
Moi, j'étais prête à partir :
          (*Souriant.*)
Mais elle était si jolie,
Ah! comment en rester là?
     (*Avec un sourire plus marqué.*)
Et mon danseur... et mon danseur m'entraîna,
     Ah! ah! ah! ah!..

REPRISE.

Dans ce beau songe,
Joyeux mensonge... etc.

LUCY. Moi, je n'ai pensé qu'au départ d'Alfred!..

MARION. Moi aussi... (*Avec un petit soupir.*) Mais j'ai bien regretté les contredanses! (*Quatre musiciens qui ont paru derrière la grille du fond, font entendre une joyeuse aubade.*)

LUCY. Qu'entends-je?

MARION, *écoutant.* La charmante surprise! D'où peuvent venir ces musiciens?

LUCY. Je devine!.. une galanterie d'Alfred!

MARION. Tu crois?

LUCY. Il aura vu tes regrets... et ne pouvant te rendre la soirée dont il t'a privée... il t'envoie l'orchestre pour te dédommager.

MARION, *avec une gaieté d'enfant.* Oh! une idée délicieuse... si nous les faisions entrer... et que nous nous donnions... ici même... un petit bal... à nous deux?

LUCY. Sans cavaliers?

MARION. Tu seras le mien.

LUCY. Quel enfantillage!..

MARION, *vivement.* Je t'en prie, bonne sœur! toi qui es si indulgente pour tous mes petits caprices de jeune fille!

LUCY, *courant ouvrir la grille* (1). Soit!... puisque que cela t'amuse... (*Aux musiciens.*) Entrez, Messieurs, entrez...

SCÈNE IV.

LES MÊMES, LES MUSICIENS.

MARION, *aux musiciens.* Qui vous a envoyés vers nous?

UN MUSICIEN. Un jeune homme que nous avons rencontré en traversant le village, mes belles demoiselles.

LUCY, *bas, à sa sœur.* Quand je te le disais? C'est Alfred!

MARION. Eh bien! jouez-nous votre plus jolie valse.

LE MUSICIEN (2). Très-volontiers. (*Valse.—Marion entraîne Lucy, qui résiste d'abord, et s'abandonne ensuite au caprice de sa sœur.*)

1 M. L.
2 M. L.

LUCY, *valsant.* Pas si vite, Marion !..

MARION, *de même.* N'aie donc pas peur... c'est charmant ! Il me semble que je suis au bal de mistress Newcome... que tous les regards sont fixés sur nous... et que... (*Elle pousse un cri et s'arrête tout à coup, en apercevant Michaël Warden, qui s'est montré au fond depuis quelques instants, et regarde les deux sœurs.*) Ah !

LUCY, *la soutenant dans ses bras.* Qu'as-tu donc, chère petite ?..

MARION, *confuse et montrant la grille.* Cet étranger !..

LUCY. Eh bien !.. un voyageur, un curieux.

MARION, *à mi-voix.* Non, non... je crois le reconnaître !... Ce jeune homme qui, depuis huit jours, nous suit de loin, dans toutes nos promenades.

LUCY, *le regardant à la dérobée.* En effet !..

MARION. Oh! mon Dieu !.. Il vient vers nous ! (*Warden s'avance en saluant respectueusement les deux sœurs, qui reculent avec un certain émoi. La musique cesse.*)

SCÈNE V.

LES MÊMES, WARDEN, *en costume élégant de gentleman qui voyage à cheval.*

WARDEN, *avec empressement* (1). Mille pardons, Mesdemoiselles, de me présenter sans me faire annoncer !.. Mon entrée au milieu de cette danse si gracieuse, si animée... doit vous faire, je le conçois, l'effet d'une invasion de barbares ? (*Lucy et Marion saluent froidement, et se disposent à rentrer dans la maison. Warden, leur barre le passage en recommençant ses salutations.*) Un mot, je vous en supplie ! Ce serait me punir trop cruellement d'une offense involontaire, que de ne pas me permettre de vous présenter mes très-humbles excuses. (*Il fait un signe aux musiciens qui sortent aussitôt.*)

MARION. Monsieur...

LUCY. Nous vous excusons. (*Elles veulent s'éloigner.*)

WARDEN, *réitérant ses saluts.* Non... je vois que vous êtes blessées, Mesdemoiselles, et je ne me pardonnerais jamais mon indiscrétion, si je n'obtenais la permission de me justifier. (*Les deux sœurs s'arrêtent. — A part.*) Que diable vais-je leur dire ? N'importe !... (*Haut et avec aisance.*) Figurez-vous...

LUCY, *avec impatience.* Ah !..

WARDEN. Vous désirez savoir comment le hasard m'a amené ?.. C'est tout simple... J'habite les environs depuis huit jours... et je parcours ces sites agrestes... (*Regardant Marion.*) qui m'offrent les points de vue les plus ravissants ! Tout à l'heure, le son des instruments frappe mon oreille,

je m'approche... je vous vois... et j'allais m'éloigner discrètement, lorsque tout à coup... (*Montrant Marion.*) Mademoiselle chancelle... comme une personne qui va s'évanouir... je m'élance, et... au lieu de rendre un service, il se trouve que j'ai commis une impertinence.

LUCY. Non, Monsieur... mais...

WARDEN, *l'interrompant vivement.* Vous désirez savoir qui je suis? C'est trop juste !.. Qui je suis? Hé! mon Dieu ! le sais-je moi-même? J'aurai plutôt fait de vous dire ce que j'ai été... Depuis le jour où, fort jeune... j'ai quitté ma famille,..

LUCY. Ces détails, Monsieur...

WARDEN, *se confondant en saluts.* Sont indispensables à ma justification !.. (*Continuant.*) Je me suis jeté dans la vie avec une incroyable ardeur pour ses plaisirs et ses luttes ! A toutes les haies vives que j'ai rencontrées sur ma route, j'ai laissé, en les franchissant, quelques lambeaux de ma fortune et de ma jeunesse !.. La passion de parcourir le monde me saisit tout à coup... et tel que vous me voyez, je pars pour les Grandes-Indes...

MARION, *avec un grand sérieux* (1). Permettez-nous, Monsieur... de vous souhaiter un bon voyage! (*Elles font encore un pas pour s'éloigner. Même jeu de scène.*)

WARDEN, *souriant.* Oh! j'en suis revenu... après les aventures les plus inouies !.. Un matin...

LES DEUX SŒURS, *avec impatience.* Ah !..

WARDEN, *même jeu.* C'était aux Grandes-Indes, comme je vous ai dit... dans le royaume de Lahore... notez bien cela... Je passais à cheval devant les jardins d'une princesse... dont le nom est très-difficile à prononcer... et encore plus à retenir... (*Même jeu.*) Paresseusement couchée dans un hamac d'or et de soie, enveloppée d'un léger nuage de parfums d'Orient, et entourée d'esclaves qui chantaient doucement autour de sa couche aérienne, (*Même jeu.*) la princesse... dont le nom est presque impossible à prononcer... semblait plongée dans un demi-sommeil...

Air : *Dans ce réduit.* (*Sofa.*)

De ses beaux yeux
Abaissés vers la terre,
L'ardeur d'un ciel brûlant avait clos la paupière;
Un songe heureux
Berçait, comme une mère,
D'un corps charmant les contours gracieux.
Dans mon ardente ivresse,
Je me disais tout bas :
Si ce rêve pouvait lui peindre ma tendresse !
Ah! ne l'éveillons pas ! (*Bis.*)
(*Nouveaux mouvements, nouveaux saluts de Warden, qui reprend avec chaleur.*)

Ébloui, fasciné par cette beauté merveilleuse, je sentis que ma vie lui appartenait... et... sans réfléchir qu'elle pouvait s'offenser de ma témérité, entraîné par une puissance irrésistible, je saute à

bas de mon cheval... j'entre... je cours me pré-
cipiter aux pieds de la princesse... (*Il se jette aux
pieds de Marion.*)

MARION, *avec dignité.* Monsieur !..

WARDEN, *à genoux.* La princesse me foudroie
d'un regard et s'écrie...

LUCY, *regardant du côté de la maison.* Ah !
voici mon père !

WARDEN, *se levant tout troublé.* Ah ! voici mon
père !.. précisément l'exclamation qui lui échap-
pa !.. (*Se remettant de son trouble.*) Je compris
ce que la situation avait de délicat... (*Regardant
Marion avec expression.*) Et... tout en me jurant
de trouver un moyen de me rapprocher d'elle...
(*Il salue Marion.*) je fis un profond salut... (*Il
remonte la grille.*) je m'éloignai aussitôt... et sortis
du jardin !.. Mais... j'avais fait l'aveu de mon
amour ! (*Il salue de nouveau et disparaît par le
fond.*)

SCÈNE VI.

MARION, LUCY.

MARION. Quelle audace !.. c'est un fou !..

LUCY, *secouant la tête.* Pas si fou peut-être qu'il
veut en avoir l'air !

MARION, *tout émue.* Il m'a fait une peur !..

LUCY. Remets-toi, chère Marion ! Pas un mot
de ceci devant notre père... et surtout devant
Alfred !..

SCÈNE VII.

LES MÊMES, LE DOCTEUR.

LE DOCTEUR, *parlant à la cantonade.* Parbleu,
si je savais gronder... j'aurais là une belle occasion !.. mais, dans cette vie bouffonne, je n'imagine rien qui mérite un mouvement de colère...
pas même le retard du déjeuner d'un médecin.
(*A ses filles.*) Vous voilà, fillettes !.. (*Toutes deux
courent à lui.*)

TOUTES DEUX. Bonjour, père !..

LE DOCTEUR. Dites-moi, mes enfants... est-ce
que, par hasard, le monde serait aujourd'hui plus
fou que de coutume ? Tandis que j'étais près d'un
malade, n'ai-je pas entendu ici de la musique...
une espèce d'aubade ?..

LUCY. Sans doute pour fêter l'anniversaire d'une
personne...

LE DOCTEUR, *l'interrompant.* Quelle extrava-
gance ! Chaque jour n'est-il pas le jour de naissance de quelqu'un ? S'il fallait se réjouir à l'arrivée de tous les nouveaux acteurs qui entrent
dans cette ridicule farce que l'on nomme la vie...

LUCY, *montrant Marion.* Vous oubliez qu'il
s'agit de...

LE DOCTEUR, *frappé d'un souvenir.* Quoi ?... de

ma gentille Marion ?.. c'est différent... (*Lui tendant les bras.*) C'est donc aujourd'hui que tu as
tes dix-huit ans, fillette ?

MARION, *avançant son front pour recevoir un
baiser.* Oui, père ?.. (*Souriant.*) Et quoi que vous
en disiez... vous n'avez pas été trop contrarié,
quand j'ai fait mon entrée dans cette ridicule
farce...

LE DOCTEUR, *légèrement d'abord.* Peuth !..

MARION. Moi, je serais bien fâchée de n'être pas
venue !..

LE DOCTEUR, *avec abandon.* Tu as raison !.. toujours raison... petite folle... car si ta bonne sœur
Lucy est la providence de la maison, toi, tu en
es l'âme et la joie ! Maintenant, veux-tu que je te
souhaite le retour souvent répété de cette belle
journée ?.. (*Haussant les épaules.*) Quelle absurdité !.. Mais enfin... si tu y tiens !

MARION, *gaiement.* Mais oui, j'y tiens beaucoup...

LE DOCTEUR, *changeant de ton.* Ah çà ! qui donc
s'était mis en frais de galanterie et vous avait
envoyé ces musiciens ?

LUCY. Faut-il le demander ? Alfred ! (*Regardant
sa sœur.*) Et cette surprise nous était d'autant plus
agréable, qu'elle venait de lui ; n'est-ce pas,
Marion ?

MARION, *regardant sa sœur.* Je n'y ai pas trop
songé... mais j'ai dansé de bon cœur !..

LE DOCTEUR, *riant.* Quand sa place est retenue
au coche d'Eklington qui part dans deux heures...
il va s'amuser !.. Voilà bien les hommes !.. Je gage
qu'il aura oublié de passer chez M. Smitchey,
notre avoué, pour son compte de tutelle.

SCÈNE VIII.

LES MÊMES, SMITCHEY, *puis* BRETAGNE.

SMITCHEY, *qui a paru au fond.* Si fait... il est
venu le signer, et je vous rapporte l'acte.

LE DOCTEUR (1). Soyez le bienvenu, voisin !..
Vous déjeunerez avec nous ?

SMITCHEY, *Avec plaisir.* (*Aux deux sœurs.*) Mesdemoiselles, mes très-humbles respects !.. (*A Marion.*) Charmante Marion, permettez qu'en l'honneur de ce beau jour... la justice dépose sur
votre jolie main... son hommage empressé.

MARION. La justice est bien honnête !

SMITCHEY, *après lui avoir baisé la main.* Puis-
sions-nous fêter ensemble cet anniversaire, une
centaine de fois... de suite... ça me ferait plaisir
personnellement.

LE DOCTEUR, *avec ironie.* Vous aussi, mon vieux
Smitchey !.. vous faites des vœux pour cent re-
présentations de cette grande bouffonnerie...

SMITCHEY. Pourquoi non ? En tout cas, docteur, ce n'est pas vous qui voudriez la voir interrompue pour cette aimable enfant!

LE DOCTEUR. A Dieu ne plaise! (*Avec impatience et regardant du côté de la maison* (1). *Mais ce maudit Bretagne (s'imagine que les philosophes n'ont pas d'estomac!* (*Appelant.*) Bretagne!!! Bretagne!...

BRETAGNE, *paraissant sur le seuil de la porte, son livre à la main.* Eh bien! après?

LE DOCTEUR. Après! après! il est déjà tard! Le temps se passe!

BRETAGNE, *gravement.* « Celui qui ne perd pas de temps... en a beaucoup » a dit Locke!...

LE DOCTEUR. Hé! tâche donc de te le dire aussi, toi! Le déjeuner est-il prêt?

BRETAGNE. Le sage est prêt à tous les événements! (*Ton naturel.*) Mais le roastbeef ne l'est pas... Il lui manque quelques tours de broche. (*Il disparaît.*)

LE DOCTEUR, *riant.* En voilà un que la philosophie rendra fou à lier.

MARION (2). Avouez, père, que vous y avez un peu contribué.

SMITCHEY, *souriant.* Mais oui, pas mal!

LE DOCTEUR, *à Marion.* Espiègle!

LUCY, *à son père.* Nous allons presser Clémence, et nous ferons servir...

LE DOCTEUR. Dès qu'Alfred paraîtra.

LUCY, *à sa sœur.* Mon Dieu! pourvu qu'il ne lui soit rien arrivé!...

MARION, *à part.* Toujours Alfred!.. Pauvre sœur!.. (*Les deux sœurs rentrent dans la maison.*)

SCÈNE IX.

LE DOCTEUR, SMITCHEY (3).

SMITCHEY. Ah! que vous êtes heureux, docteur, de ne rien prendre sérieusement!..

LE DOCTEUR, *le regardant.* Vous avez des chagrins? Un avoué! Est-ce que les procès ne donnent pas?

SMITCHEY. Si... la chicane va assez bien! mais, vous êtes veuf, et moi, j'ai une femme qui gronde et crie du matin au soir!

LE DOCTEUR, *riant.* Faites comme Socrate... laissez-la crier!...

SMITCHEY. Je défierais bien Socrate de l'en empêcher; par malheur, dans ce moment, elle a quelque raison de se plaindre... Je crois que j'ai commis une imprudence!

LE DOCTEUR. Vous, Smitchey, l'homme d'affaires le plus délié!..

1 S. M. L. D. B.
2 S. L. M. D.
3 D. S.

SMITCHEY. Hé! hé!... les plus grands capitaines ont aussi leurs revers!.. C'est un de mes clients, sir Michaël Warden, baronnet, riche à millions... qui me cause des frayeurs mortelles!

LE DOCTEUR. Il vous doit de l'argent?

SMITCHEY. Précisément.

LE DOCTEUR. Eh bien! s'il est riche à millions,..

SMITCHEY. C'est-à-dire, il l'était!.. mais aujourd'hui, ruiné de fond en comble!..

LE DOCTEUR. Vous avez plaidé pour lui?

SMITCHEY. Du tout; je ne connaissais pas même ce jeune écervelé qui avait si bien débuté, qu'en quelques années, toutes ses propriétés se trouvaient grevées, hypothéquées, engagées aux mains des usuriers pour des sommes fabuleuses!

LE DOCTEUR. Ah! diable!..

SMITCHEY. C'est alors qu'on me l'adressa!..

LE DOCTEUR. Comme un malade désespéré! Vous l'avez envoyé aux eaux?

SMITCHEY. A peu près!.. Il n'y avait qu'une chance de le sauver : je le décidai à voyager... me chargeant de lui faire une petite pension raisonnable, tandis qu'avec ses revenus, et quelques ventes opérées à propos, j'étais sûr, en dix ou douze ans, de nettoyer ses biens, de lui rendre une belle fortune... et moi, de m'en faire une petite... assez rondelette, au moyen de mes avances et de l'intérêt...

LE DOCTEUR. Que vous lui portiez...

SMITCHEY, *achevant.* Oui!.. que je lui portais en compte!.. Mais, je n'avais pas réfléchi à une chose... c'est que ce diable de client, mon unique gage, peut mourir d'un moment à l'autre!.. Alors, les créanciers font tout saisir, tout vendre... et moi, j'en suis pour mes déboursés!..

LE DOCTEUR. Que craignez-vous, s'il est jeune?

SMITCHEY.

Air : *Un homme pour faire un tableau.*

Oui, mais un braque, un insensé,
Qui court de folie en folie...
Aux Grandes-Indes l'an passé,
S'en va-t-il pas, mort de ma vie!..
Je crains quelque revers soudain,
Et d'un naufrage j'ai la chance!..

LE DOCTEUR, *riant.*

Dont vous avez peur qu'un requin
N'ait avalé votre créance!

SMITCHEY. Mais dame!..

LE DOCTEUR (4). Après tout, finir ainsi ou autrement!... (*Lui frappant sur l'épaule.*) Voisin,... tout cela rentre dans les mille et une bouffonneries de ce monde... qu'à notre âge, on regarde passer le front calme et en haussant les épaules!.. Il n'y a que les enfants qui prennent la vie au sérieux! (*Voyant entrer Alfred donnant le bras à Lucy et à Marion.*) Et... tenez, en voici qui ne changeraient pas la leur pour tous les trésors du monde.

4 S. D.

SCÈNE X.

LES MÊMES, ALFRED, LUCY, MARION, puis CLÉMENCE ET BRETAGNE, *qui apportent la table toute servie.*

LE DOCTEUR (1). N'est-il pas vrai, Alfred? Nous parlions de la vie! Qu'en pensez-vous?

ALFRED, *regardant Marion tendrement.* Je pense, cher oncle, qu'elle nous est parfois bien douce auprès de ce qu'on aime... et bien amère, (*Avec un soupir.*) quand il faut s'en éloigner!..

LE DOCTEUR, *à Smitchey.* Qu'est-ce que je vous disais? (*Clémence et Bretagne apportent la table, et mettent le couvert pendant le dialogue suivant.*)

MARION, *à Alfred.* Ainsi, cousin, vous avez été nous excuser chez mistress Newcome?.... C'est gentil à vous... Qu'est-ce que vous lui avez dit?

ALFRED. Que j'étais un égoïste... et qu'à la veille de partir, j'aurais trop souffert de voir ma chère Marion se réjouir, s'amuser!

MARION. Oh! j'aurais été fort triste... en dansant!.. (*Lui tendant la main.*) C'est égal, je ne vous en veux plus!

BRETAGNE, *au docteur.* Servis!

LE DOCTEUR, *montrant Bretagne.* Le laconisme spartiate. (*A ses enfants et à Smitchey.*) Allons, allons... à table !..

ENSEMBLE.

Air : *Profitons de la vie.* (Rebecca).

Sous ce riant ombrage,
Un repas plus joyeux,
Dans un an, je le gage,
Nous rendra tous heureux,

(*Ils se sont assis pendant le chœur (2).*)

ALFRED, *soupirant.* Un an d'absence! Quel supplice!

LE DOCTEUR, *ironiquement.* Ne songeons qu'au retour..

SMITCHEY. Et au mariage!.. (*On mange; le docteur cause à voix basse avec Smitchey.*)

LUCY, *à Alfred.* A propos! nous vous devons des remercîments, mon cousin, pour la surprise que vous nous avez faite... ce matin !..

ALFRED, *étonné.* Quelle surprise?

MARION. Vos musiciens ont fait merveille !..

ALFRED, *de même.* Mes musiciens !.. Je ne vous comprends pas !

LUCY. Quoi! ce n'est pas vous qui les avez envoyés?

ALFRED. Non, je vous jure!

LUCY. Qui donc alors?

MARION, *vivement.* Je devine !.. C'est mon père, pour ma fête. (*Bas, à Lucy.*) N'insiste pas, Lucy !.. C'est notre fou de tantôt... tu sais?

LUCY, *bas.* Ce jeune homme... tu crois?

MARION, *lui imposant silence.* Chut !..

LE DOCTEUR, *assis à la table* (1). Mon cher Alfred, dans quelques instants vous allez nous quitter! S'il pouvait y avoir quelque chose de grave dans...

ALFRED, *en souriant.* Dans cette bouffonnerie que l'on appelle la vie?...

LE DOCTEUR. Ce serait peut-être la circonstance qui nous réunit aujourd'hui. (*Riant.*) Et de tous les jours de l'année, celui-ci est précisément le plus riche en extravagances!.... Vous ne vous doutez guère, en effet, que c'est à pareil jour, il y a deux cents ans environ, qu'une grande bataille a été livrée, ici, à cette place même où nous sommes assis !..

TOUS, *avec curiosité.* Ah! bah !

LE DOCTEUR. Eh bien! parmi les combattants, il n'y avait pas dix hommes sachant pour quelle cause ils s'entre-égorgeaient... Il en est de même de cette vie, qui n'est après tout qu'une longue et folle bataille !

BRETAGNE, *à part.* Bon! le voilà qui enfourche son dada !

LE DOCTEUR. Nous luttons tous en véritables aveugles : les uns pour arriver à la fortune, les autres pour contenter leur ambition (2)... le jeune homme pour satisfaire ses passions, le voisin Smitchey pour doubler ses honoraires, et jusqu'à cette bonne Clémence qui m'écoute là... le nez en l'air, et sèche sur pied de ne pouvoir accrocher un mari !

CLÉMENCE, *confuse.* Oh! Monsieur!.. (*A part.*) C'est vrai que j'y songeais !.. Il est sorcier !

LE DOCTEUR. Et faites-moi le plaisir de me dire ce que le monde a fait depuis ces deux cents ans?

LUCY. Il a aimé, père?

LE DOCTEUR. Et puis?

BRETAGNE, *regardant Smitchey qui dévore sans mot dire.* Il a mangé !

SMITCHEY, *la bouche pleine.* Et puis, il a plaidé quelque peu !..

LE DOCTEUR. C'est-à-dire qu'il a recommencé les mêmes sottises.

MARION. Oh! père !... je ne suis pas un grand philosophe, moi !.. mais il me semble que vous voyez les choses trop en noir !.. Sur ce champ de bataille de la vie, comme vous l'appelez, au milieu de ses agitations, de ses luttes puériles, il y a aussi de nobles victoires, de généreux sacrifices... (*Regardant sa sœur.*) qui s'accomplissent sans faste, dans des retraites obscures, car Dieu a mis au cœur de quelques-uns de ses enfants, l'amour ardent du bonheur des autres. (*Regardant son père avec tendresse.*)

1 S. D. L. A. M.
2 B. C. S. M. D. A. L.

1 C. B.
2 B. C.

Air de M. Montaubry.

Vous le savez mieux que personne,
Vous, mon bon père... qui toujours
Prodiguez vos soins et vos jours
A ceux que le sort abandonne,
Vous le savez mieux que personne. *(Bis.)*
Que ces sentiments soient les nôtres;
Dieu donne aux uns la charité, *(Bis)*
Et dans sa touchante bonté,
Il fit le repentir pour ramener les autres...

REPRISE.

Vous le savez mieux que personne...

ALFRED, *avec enthousiasme.* O chère Marion !.. Vous êtes un ange !..

LE DOCTEUR, *riant, à Marion.* Hé! hé! ce petit docteur en cornette... Mais les heures s'écoulent ! *(A son neveu.)* Alfred, mes fonctions de tuteur expirent aujourd'hui !.. Suivant le désir de votre père... vous allez passer un an à Londres, pour obtenir votre diplôme de médecin, *(Souriant.)* puisqu'on ne peut expédier les gens sans garantie de la Faculté!.. *(Sérieusement.)* Je crois avoir bien rempli mon mandat ?

ALFRED, *se levant et lui pressant la main.* Comme un second père, mon digne ami... et le souvenir de vos bienfaits...

LE DOCTEUR, *l'interrompant.* C'est bon !.. c'est bon !.. Voilà notre voisin Smitchey qui apporte les comptes de tutelle et autres balivernes !..

SMITCHEY, *mangeant toujours* (1). Que M. Alfred a approuvés sans les lire !

ALRFED, *à Smitchey.* Monsieur Smitchey, ce que mon cher tuteur a fait pour son pupille, nul ne le sait mieux que moi, et, ce qui vient de lui.., je le signe les yeux fermés.

LE DOCTEUR, *légèrement.* A la bonne heure !.. Maintenant, sa malle, sa valise... et guettez l'arrivée de la voiture... *(Bretagne rentre dans la maison et en ressort un moment après avec une malle, une valise; puis il disparaît par la grille verger.)*

ALFRED, *avec un soupir.* Quitter cette maison où j'ai été si heureux ! *(A Lucy, à mi-voix et lui montrant Marion* (1). Bonne Lucy !.. votre sœur... ce que j'ai de plus cher au monde... je vous la confie...

LUCY, *avec émotion.* J'ai vu naître votre amour mutuel, Alfred... *(Avec plus d'émotion.)* je m'en suis réjouie pour son bonheur ! Jugez... maintenant que le vôtre en dépend, si la tâche de veiller sur elle me sera douce !..

ALFRED, *vivement.* Cette assurance calme mes craintes...

LUCY. Vos craintes?..

ALFRED. Hé! sans doute, les amants ont peur de tout!.. Et je le sens là, voyez-vous... celui qui m'enlèverait le cœur de Marion!.. je le tuerais ! .

1 S. D. A. L. M.
2 S. D. M. A. L.

LUCY, *troublée.* Voulez-vous bien vous taire !.. Est-ce que c'est possible !..

BRETAGNE, *au fond et criant.* Coche, au sommet de la colline !

LE DOCTEUR (1). Vous entendez, Alfred ?

ALFRED. Oui, mon oncle! *(Marion qui les a observés tous deux, se rapproche en ce moment.)* Ah! je disais à votre sœur, chère et bien aimée Marion, que je confiais à sa tendresse, mon unique trésor!.. Mon Dieu! Un an de séparation!..

LUCY, *soupirant.* C'est bien long !..

ALFRED. Si je pouvais, à force de travail, abréger ce temps d'épreuve !

LUCY, *tendrement.* Pour cela, pensez à Marion!..

MARION, *une main dans celle d'Alfred, et l'autre posée sur l'épaule de sa sœur, qu'elle observe avec un sourire doux et mélancolique.* Pensez à toutes deux !

ALFRED. Oui, mes sœurs chéries.

LE DOCTEUR. Allons, mon garçon !..

ALFRED, *tristement.* Je suis prêt !

BRETAGNE, *au fond, criant* (2). Coche, sur le pont !

ALFRED (3). Adieu, Marion, adieu tout ce que j'aime ! *(On entend le roulement de la voiture et le grelot des chevaux.)*

BRETAGNE, *criant.* Coche, au bout de l'avenue ! *(Il disparaît pour aller charger les paquets.)*

LE DOCTEUR. Hé, vite !.. en route !

ENSEMBLE.

Air : *État plein de charmes* (Carlo-Beati).

Des maux de l'absence
Souff $^{rons}_{rez}$ en silence !
Le ciel saura protéger l'amour !
La douce espérance,
$^{Nous}_{Vous}$ promet d'avance,
Un heureux retour !

(Alfred disparaît par la grille; Clémence est au fond et le suit des yeux. La musique continue.)

SCÈNE XI.

LES MÊMES, *excepté* ALFRED ET BRETAGNE. SMITCHEY *est resté assis à la table.*

LE DOCTEUR, *riant à moitié.* Dieu me pardonne ! je crois que moi-même!... C'est inepte ! *(Il essuie une larme.)*

SMITCHEY, *se levant* (3). Ah! docteur, rien ne doit émouvoir le sage !

LUCY, *à elle-même, essuyant ses larmes.* Il est parti !

1 B. S. D. A. M. L.
2 A. D. L. M.
3 D. A. M. L.
4 C. S. D. M. L.

MARION, *se jetant à son cou.* Il reviendra, chère sœur !

LUCY, *cherchant à se remettre.* C'est ce que j'allais te dire, Marion, du courage !.. (*En disant ces mots, elle chancelle et tombe presque évanouie dans les bras de sa sœur.*)

MARION, *la soutenant.* Lucy !.. Lucy !.. (*A part.*) Oh ! je ne m'étais pas trompée... elle l'aime !.. (*On entend de nouveau la voiture s'éloigner rapidement ; puis, tout à coup, Clémence qui est à la grille, pousse un cri.*)

CLÉMENCE. Ah ! il est tué !..

LUCY, *hors d'elle-même et se dégageant brusquement de sa sœur.* Tué !.. Alfred !

TOUS. Alfred !

LE DOCTEUR, *qui a couru à la grille.* Hé non !.. ce n'est pas lui !.. il est déjà bien loin !.. mais un étranger, dont le cheval s'est effrayé, s'est cabré... (*S'adressant à l'étranger qui paraît à la grille soutenu par Bretagne et un paysan (1).*) entrez chez moi, Monsieur !..

MARION, *bas, à sa sœur.* Le jeune homme de tantôt !..

LUCY, *de même.* Lui !..

~~~~~~

SCÈNE XII.

LES MÊMES, MICHAEL WARDEN, BRETAGNE, PAYSANS *qui entourent le blessé. On le place sur un siége. Le docteur le soutient et lui fait respirer des sels. — Musique.*

LE DOCTEUR (1). Une chute de cheval !.. Jouer aussi follement...

SMITCHEY, *qui s'est approché.* Michaël Warden, mon débiteur !.. je suis perdu ! Docteur, docteur... sauvez ma créance !..

LE DOCTEUR, *bas.* Taisez-vous donc : rien ne doit émouvoir le sage !

SMITCHEY (2), *bas.* Est-ce sérieux ?

LE DOCTEUR. Nous allons le savoir ! (*A Warden qui a repris ses sens.*) Vous trouvez-vous mieux, Monsieur ?

WARDEN, *soulevant la tête et regardant Marion qui est près de lui.* Beaucoup mieux, depuis que j'ai revu... la princesse... dont le nom est si difficile à prononcer.

BRETAGNE, *étonné.* La princesse !..

SMITCHEY. Il y a un peu de délire !..

1 S. C. L. M. D. W. B.
2 L. M. S. D. W. B. C.
3 B. L. M. D. W. S. C.

WARDEN, *se tournant du côté de Smitchey.* Tiens ! cet imbécile de Smitchey...

SMITCHEY. Ah !.. il me reconnaît ? (*A Warden.*) Moi-même, mon cher client.

WARDEN, *secouant la tête.* Hum ! à cette heure, ma clientèle vaut bien peu de chose, mon pauvre ami !..

SMITCHEY, *effrayé.* Ne dites donc pas cela !

LE DOCTEUR, *qui l'a examiné.* Le mal n'est pas si grand que vous le supposez, mon cher monsieur... une épaule démise.., et quelques contusions...

CLÉMENCE. Une épaule démise !..

MARION. Pauvre jeune homme !

WARDEN, *la regardant tendrement.* Je n'ai pas pu faire mieux !..

SMITCHEY. Corbleu ! c'est bien assez !

LE DOCTEUR, *à Warden.* Heureusement, vous êtes bien tombé.

WARDEN, *faisant une petite grimace.* Pas trop !..

LE DOCTEUR. Je veux dire que je suis médecin, et même un peu chirurgien, au besoin ! Avec du temps, des soins...

BRETAGNE. Et beaucoup de philosophie !

LE DOCTEUR. Je me charge de raccommoder tout cela, et de vous rendre, au bout de quelques mois, aux extravagances de la vie...

WARDEN, *regardant toujours Marion.* Ah ! Monsieur, que ne vous dois-je pas !

SMITCHEY, *à part.* Et à moi donc !..

LE DOCTEUR. Vous logerez ici !.. Justement, mon neveu vient de partir... sa chambre est libre... Clémence, courez tout disposer !..

LUCY, *à part.* La chambre d'Alfred ! (*Musique à l'orchestre ; motif en sourdine de la valse de la scène IV.*

WARDEN, *serrant la main du docteur.* Merci !.. mille fois merci !.. (*A part, regardant Marion.*) Ça me coûte un peu cher !.. mais je n'avais pas d'autre moyen de la revoir !..

LE DOCTEUR, *à Bretagne et aux paysans.* Allons ! transportons notre malade dans son lit. (*On soutient Warden.*) Là... là... doucement !..

SMITCHEY, *aux paysans.* Doucement donc, butors... songez que vous portez César et ma fortune ! (*Ils entrent dans la maison (1).*

MARION, *à Lucy.* Viens-tu, chère sœur ?

LUCY, *lui donnant la main et à part (2).* Je ne sais quel pressentiment me dit que le malheur est entré dans notre maison avec cet étranger !..

1 L. M. S. D. W. B.
2 L. M.

FIN DU PREMIER ACTE.
~~~~~~

ACTE DEUXIÈME.

Le théâtre représente un salon de campagne ouvrant au fond sur une petite galerie vitrée, ornée de fleurs et donnant sur le jardin ; à gauche du public, cheminée et porte conduisant aux appartements de la maison ; à droite, une autre porte conduisant à la cour ; sur l'avant-scène, du même côté, une console ornée de vases ; l'un de ces vases contient un bouquet de fleurs d'orangers ; à gauche, table, sièges, causeuse.

SCÈNE PREMIÈRE.

LE DOCTEUR, MARION, LUCY, CLÉMENCE (1).
(*Au lever du rideau, le docteur est assis près de la table et écrit une ordonnance ; Lucy, à sa droite, travaille à un ouvrage de tapisserie ; Marion, à la gauche du docteur, tient une brochure à la main ; Clémence, à l'autre extrémité du théâtre, tricote un bas de laine.*)

MARION, *lisant d'une voix émue.* « Foyer paternel, asile sacré que nous ne pouvons quitter « sans que notre cœur se déchire... » (*Elle s'arrête.*)

LUCY. Comme tu es émue, Marion !

LE DOCTEUR, *écrivant.* Est-ce que par hasard tu prendrais toutes ces jérémiades au sérieux, mignonne ?

MARION, *continuant à lire.* « Asile cher et fidèle, « dont le souvenir nous poursuit toujours comme « un regret, parfois comme un remords... » (*Elle fond en larmes.*)

LUCY, *lui arrachant la brochure et la jetant sur la table.* Ne lis plus, chère Marion !

LE DOCTEUR, *montrant Clémence qui s'essuie les yeux.* Jusqu'à Clémence qui fond en eau sur des malheurs imaginaires !

CLÉMENCE, *naïvement.* Non, Monsieur... je n'écoutais pas ! je pleure, parce que je vois Mam'selle pleurer !

LE DOCTEUR, *se levant et calmant Marion.* Les moutons de Panurge ! Voilà bien la folie humaine !.. Se créer des fantômes de douleur avec des fantômes d'infortune !.. Cela me rappelle votre tante, ma bonne sœur Déborah ! (*Avec ironie.*) Encore une qui prenait les choses de ce monde au tragique !..

Air : *Ces Postillons.*

Depuis trente ans, dans le pays de Galle,
Elle vit seule avec son petit chien !
(*Avec ironie.*)
Ame candide et trop sentimentale,
Qui ne rêvait que la vertu, le bien...
On la trompa... dès son premier lien !..
Elle eût mieux fait de punir le volage...
En l'oubliant... et chaque jour, morbleu,
De son roman d'arracher une page...
Pour allumer son feu. (*Bis.*)

(*Donnant la brochure à Clémence (1).* Comme Clémence me fera le plaisir de traiter celui-ci !..

1 D. L. M. C.
2 L. M. D. C.

CLÉMENCE, *la prenant.* De tout mon cœur, Monsieur !

LE DOCTEUR, *à Marion.* Toi, chère petite, oublie ces fadaises ; (*Gaiement.*) pense à ton fiancé, un héros de fidélité, celui-là !.. Depuis six mois qu'il est à Londres, tous les huit jours, un bouquet superbe qui t'arrive par le courrier !

LUCY, *montrant le bouquet qui est sur la console.* Et voilà celui d'hier !..

LE DOCTEUR, *avec intention.* Hum ! rien que des fleurs d'oranger...

CLÉMENCE, *d'un air fin.* Ça doit avoir une signifiance !

MARION, *tressaillant.* Vous croyez ?

LUCY. Ce qui m'étonne, c'est qu'Alfred n'y ait pas joint une lettre !..

LE DOCTEUR. Elle est sans doute en chemin ! Au reste, la soirée est belle, (*Prenant une ordonnance sur la table.*) je vais porter cette ordonnance, visiter deux ou trois malades... et en revenant, je passerai à la poste... (*A Marion.*) n'est-ce pas, mignonne ? (*Se disposant à sortir et s'arrêtant.*) A propos de malades, que devient donc notre hôte, M. Warden ? Je ne l'ai pas aperçu depuis dîner.

LUCY. Il est au jardin, à causer d'affaires avec M. Smitchey.

CLÉMENCE, *regardant au fond.* Tenez ! il se promène appuyé sur le bras de l'avocat...

LE DOCTEUR, *le regardant aussi.* C'est drôle !.. il est parfaitement guéri de son épaule, et cependant, il a des moments de faiblesse...

CLÉMENCE. C'est un douillet qui s'écoute !.. (*A part.*) Je crois qu'il fait durer le plaisir !

MARION. Peut-être souffre-t-il encore ?

LE DOCTEUR. Pas possible ! je l'ai remis à neuf, avec un soin ! Ce garçon-là m'a plu au premier coup d'œil !... Un gaillard qui me faisait des calembourgs pendant que je le raccommodais !.. Ah ! ah ! ce n'est pas lui qui aurait une idée sérieuse dans la tête !

LUCY (4). Hum !.. cependant, j'ai vu plus d'une fois M. Michaël préoccupé, rêveur... (*Regardant Marion.*) et je ne serais pas surprise que sa gaieté ne fût un masque et ne cachât une arrière-pensée.

LE DOCTEUR, *riant aux éclats (2).* Ah ! ah ! ah ! M. Michaël rêveur... M. Michaël... une arrière-pensée ! Allons donc ! Je vous dis que c'est un

1 M. L. D. C.
1 M. D. L.

philosophe dans mon genre... qui rit de tout...
et... (*Regardant sa montre.*) diable! je m'oublie,
moi... (*Embrassant ses filles.*) Au revoir, petites...
et tenez-vous en joie!...

Air : *Les Agneaux vont aux plaines* (Piano de Berthe).
    Croyez ma chansonnette...
    Malgré la Faculté,
    Il n'est qu'une recette
    Pour donner la santé:
    Gaité! gaité! gaité!

(*Clémence répète le refrain avec lui. Ils sortent tous
deux ; le docteur par le fond, Clémence par la droite.*)

SCÈNE II.

LUCY, MARION.

(*Pendant la fin de la scène précédente, Marion
est venue près de la console à droite, et regarde
mélancoliquement le bouquet de fleurs d'o-
ranger.*)

LUCY, *prenant la main de sa sœur, et après un
silence* (1). Pourquoi cette tristesse, Marion?

MARION, *revenant à elle.* Moi! tu te trompes!

LUCY. Oh! non, l'œil d'une mère est clair-
voyant! Tout à l'heure encore, tandis que tu re-
gardais ce bouquet, j'ai vu une larme s'échapper
de tes yeux! Qu'est-ce donc, chère enfant, qui
peut t'affliger, lorsque tout te sourit?

MARION, *lui montrant le bouquet.* Lucy, crois-
tu réellement que ces fleurs annoncent le retour
prochain d'Alfred?

LUCY. Je l'espère!.. Tu sais avec quelle ardeur
il comptait travailler pour abréger le temps de son
exil... il aura redoublé d'efforts... et dans un
mois... peut-être plus tôt!..

MARION, *la prenant dans ses bras.* Et quand il
reviendra... si j'étais morte, Lucy!

LUCY, *effrayée.* Que dis-tu? Quelle idée! Mourir!.. Toi si jeune, si belle! Est-ce que le bonheur
fait mourir?..

MARION, *à part, en jetant les yeux sur sa sœur.*
Non ! (*A part.*) mais le chagrin peut tuer ! (*La
serrant sur son cœur.*) Enfin, chère sœur, si je
venais à mourir... tu épouserais Alfred, n'est-ce
pas?

LUCY, *vivement.* Est-il possible que des pensées
si étranges, si folles!.. Marion, je te défends
d'en avoir de semblables!..

Air : *Enfant rêveuse aux blondes tresses* (Du piano de
Berthe).
    Peux-tu donc douter de la vie?
    Peux-tu douter de l'avenir?
    Quand près de toi, ma sœur chérie,
    Alfred enfin va revenir !..
        (*Avec entraînement et passion.*)
    L'aimer avec idolâtrie...
    Prévenir son moindre souhait,
    Ah! loin de vous ôter la vie,
    Un tel bonheur vous la rendrait.

1 L. M.

MARION, *insistant.* Tu l'épouserais... dis, ma
bien-aimée? Promets-le-moi!

LUCY. Tais-toi, tais-toi, Marion... je t'en conjure!.. Tu me fais peur!.. Chut! M. Smitchey et
son client. (*A part.*) Oh!.. il y a un secret qu'elle
me cache!

SCÈNE III.

LES MÊMES, WARDEN, SMITCHEY.

WARDEN, *sans voir d'abord les deux sœurs.*
Vous n'avez pas le sens commun, mon vieux Dé-
mosthènes... et je vous prouverai... (*Prenant tout
à coup une voix plus dolente et s'appuyant sur
Smitchey. En apercevant Marion et Lucy.*) Ah!..
aye!..

LES DEUX SŒURS. Qu'est-ce donc?

SMITCHEY, *le soutenant.* Vous vous sentez plus
mal?

WARDEN. Non! rien! un peu d'éblouissement!
Merci mille fois, Mesdemoiselles, du tendre intérêt...

SMITCHEY, *le faisant asseoir sur un fauteuil* (1).
Asseyez-vous là!.. là!.. (*Aux deux sœurs.*) C'est
singulier!.. il était plein de vivacité pendant notre
promenade... (*Avec humeur.*) Ne me parlez pas
de ces gens qui n'ont aucune suite... dans la
santé!.. Ne songeait-il pas, tout à l'heure, à faire
ses adieux à M. Jedler!..

LUCY, *avec un mouvement.* Monsieur Warden
se dispose à nous quitter?

WARDEN, *regardant souvent Marion qui ne paraît prendre aucun intérêt à la conversation.*
Dans quelques jours, miss Lucy.

LUCY, *avec joie.* Ah!

WARDEN. Il y a trop longtemps que j'abuse de
votre hospitalité!.. et je serais déjà parti, si je
n'attendais une réponse... (*Suivant Marion de
l'œil.*) Depuis deux mois, j'ai écrit trente lettres,
mais vainement!..

SMITCHEY. Parbleu! si c'est à un débiteur...
vous ne recevrez rien! Ces gaillards-là sont toujours la sourde oreille!..

WARDEN. Oh! j'espère qu'on se laissera tou-
cher... et que d'un instant à l'autre... (*En ce
moment, Marion qui s'est approchée sans affec-
tation de la console, à droite, comme pour ad-
mirer les fleurs, glisse un papier dans un vase.
Ce mouvement n'est vu que de Warden, qui se
lève à moitié avec une exclamation de joie.*) Ah!

LUCY, *s'approchant de lui.* Qu'avez-vous?..

SMITCHEY, *alarmé.* Une palpitation !..

WARDEN, *se remettant.* Oui... de bien-être... de
joie!..

SMITCHEY. N'importe! je vais chercher le docteur!..

WARDEN. C'est inutile!

1 M. L. S. W.

LUCY, *à Smitchey.* Restez! Nous vous l'enverrons, dès qu'il sera rentré... (*A Marion, qui est près d'elle.*) Viens, Marion!

MARION, *saluant froidement Warden.* Je souhaite, Monsieur, que votre guérison soit complète!..

LUCY, *à part, entraînant sa sœur.* Ah! la présence de cet homme... il me tarde d'en être délivrée! (*Elles sortent par la gauche.*)

SCÈNE IV.

WARDEN, SMITCHEY.

(*Smitchey, pendant les derniers mots, est allé chercher un oreiller à droite pour Warden.*)

WARDEN, *se levant subitement et courant à gauche sur les traces de Marion.* Comme elle semblait émue!..

SMITCHEY, *arrivant avec son oreiller près du fauteuil.* Tenez! avec cet oreiller, vous serez plus... (*Levant les yeux et ne le voyant plus.*) Eh bien!.. où est-il donc?..

WARDEN, *à part, jetant un dernier regard sur Marion.* Chère Marion!..

SMITCHEY, *courant à lui son oreiller à la main.* Ah çà!.. êtes-vous fou de courir ainsi!

WARDEN, *repassant à droite* (1). Oui... oui... vous avez raison, mon bon Smitchey.

SMITCHEY, *revenant au fauteuil où il le croit assis.* Il vous faut du calme, du repos!

WARDEN, *trouvant le papier dans le vase, à part.* Je ne m'étais pas trompé!.. Voilà sa réponse! (*Il porte le billet à ses lèvres et le couvre de baisers.*)

SMITCHEY, *le voyant de l'autre côté.* Encore!.. je n'ai jamais vu de malade plus turbulent. (*Warden cache rapidement le billet dans sa poche de côté.*) Corbleu! monsieur Warden... est-ce que vous voulez vous tuer?

WARDEN, *vivement.* Non! sur mon âme! Jamais la vie ne m'a paru plus douce, plus belle!.. Je veux vivre... j'ai besoin de vivre!

SMITCHEY. Et moi aussi... j'ai besoin que vous viviez!.. Ainsi, mettez-vous là...

WARDEN, *le repoussant et jetant l'oreiller de côté.* (2) Au diable... vous, vos oreillers et vos sermons!.. Jamais je ne me suis mieux porté .. (*Le secouant.*) Je vous jetterais par la fenêtre d'une seule main.

SMITCHEY, *avec joie.* Vrai?.. Ah! que vous me faites plaisir!

WARDEN. Et cependant, j'ai la fièvre... de l'impatience!.. une agitation!...

SMITCHEY, *alarmé.* Ah! mon Dieu!.. une rechute?..

WARDEN, *haussant les épaules* (1). Hé non! vous ne pouvez comprendre! (*Le poussant pour s'en débarrasser.*) Voyons, mon brave Smitchey... nous avons causé d'affaires, vous m'avez mortellement ennuyé... je ne vous en veux pas,.. adieu... au revoir, et n'y revenez plus.

SMITCHEY, *gravement.* Permettez, monsieur Warden!.. Je ne vous ai exposé que le préambule de mes opérations et l'analyse succincte de votre situation pécuniaire!.. J'entre dans les détails...

WARDEN, *retombant dans son fauteuil.* Miséricorde!

SMITCHEY, *s'asseyant près de lui et prenant une prise de tabac.* Vous avez bien saisi mon système de liquidation?..

WARDEN, *distrait.* Parfaitement!.. je n'ai pas écouté...

SMITCHEY, *froidement.* Alors, je vais recommencer.

WARDEN, *le regardant de travers.* Ne vous en avisez pas... ou je vous étrangle!

SMITCHEY, *reculant sa chaise.* Plaît-il?

WARDEN, *se reprenant en souriant.* Non... je veux dire qu'il est inutile de répéter... Je suis à peu près ruiné... je le sais... mais, vous ne connaissez pas encore toute l'étendue de mes désastres, mon pauvre Smitchey!

SMITCHEY, *alarmé.* Vous avez d'autres dettes?

WARDEN. Non... mais... (*Après un silence et le regardant fixement.*) Avez-vous jamais été amoureux, Smitchey?

SMITCHEY, *intrigué.* Pourquoi me demandez-vous cela? Attendez donc... attendez donc... (*Cherchant à se rappeler.*) Non... je ne crois pas... je me suis marié fort jeune... et ce n'est pas ma femme qui aurait pu me faire venir l'idée... Non!.. non!.. non!..

WARDEN. Eh bien!.. moi, je le suis!

SMITCHEY. Amoureux?

WARDEN. A en perdre la tête!..

SMITCHEY. Eh bien! il n'y a pas grand mal, si c'est d'une riche héritière?..

WARDEN. Du tout! elle n'a rien que sa grâce et ses vertus.

SMITCHEY, *consterné.* Oh! vous avez raison, monsieur Warden .. voilà un désastre!

WARDEN, *avec enthousiasme.* Mais qu'elle est belle, Smitchey! Ce n'est pas une femme, c'est un ange, comme jamais poëte n'en créa! Une physionomie céleste, un regard plein d'innocence, et, chose inouïe, elle ne se doute pas de sa beauté, et semble s'ignorer elle-même.

SMITCHEY, *émerveillé.* Où diable avez-vous rencontré ce phénix? à Pékin, ou au Monomotapa?

WARDEN, *brusquement.* Vous n'avez pas besoin de le savoir, profane!.. Mais là... est ma destinée. (*Mettant la main sur son cœur, où il a placé le billet de Marion.*) Et à ce battement précipité de mon cœur, je sens qu'elle va s'accomplir...

SMITCHEY, *frappé d'un souvenir.* Est-ce donc de cette belle inconnue que vous attendez la réponse dont vous parliez tout à l'heure?

WARDEN. Précisément! Si sa réponse est favorable... Smitchey, je lui consacre ma vie... je l'entoure d'adorations, de tous les prestiges d'une existence brillante! (*Smitchey fait un geste de dépit.*) Si, au contraire, mes vœux sont repoussés, je m'exile de nouveau... (*Smitchey se frotte les mains en signe de satisfaction.*) et je recommence mes voyages pour tâcher d'oublier!!! Dans l'un ou l'autre cas, il me faut des fonds!

SMITCHEY, *inquiet.* Des fonds?.. Monsieur Michaël, je vous ai déjà donné cette année...

WARDEN, *vivement.* Il n'est pas question de ce que vous m'avez donné, mais de ce que vous allez me donner!

SMITCHEY, *de même.* Je n'ai rien... je suis à sec!

WARDEN, *froidement.* Alors, je me contenterai de cinq cents guinées.

SMITCHEY, *se récriant.* Cinq cents guinées! (*A part.*) C'est le tonneau des Danaïdes que cet homme-là... (*Haut.*) Je vous répète, monsieur Warden...

WARDEN. Il me les faut dans une heure!...

SMITCHEY, *se récriant plus fort.* Impossible!..

WARDEN, *de même.* Ou je me brûle la cervelle!

SMITCHEY, *épouvanté.* Hein! qu'est-ce que vous dites!

WARDEN. Au fait, c'est un système de liquidation auquel je n'avais pas songé!

Air d'*Aristippe.*

Cela simplifierait la chose,
Qu'en dites-vous?
SMITCHEY, *vivement.*
Taisez-vous donc!
A ce moyen, moi je m'oppose!..
Hé quoi! l'espoir d'une illustre maison,
Et le dernier de votre nom!..

(*Le serrant dans ses bras.*)
Un jeune homme que j'aime, que j'estime,
Finir avec un pistolet!..

(*D'un air très-ému.*)
Ah! ce serait, Monsieur, un double crime...
Car le même coup me tuerait,
Oui, le même coup me tuerait!

WARDEN. Ce bon Smitchey! je ne croyais pas qu'il me fût si attaché! Cependant... si vous n'avez aucun moyen de me venir en aide...

SMITCHEY. Mon Dieu!.. je vais voir... je vais courir... Vous dites trois cents guinées...

WARDEN. Cinq cents!..

SMITCHEY, *d'un air piteux.* Cinq cents! (*A part.*) Dans quel guêpier me suis-je fourré!.. (*Haut.*) Peut-être... en m'adressant à quelque confrère... en empruntant à gros intérêts...

WARDEN. Oh! là-dessus, je ne marchande pas!

SMITCHEY. Mais quelle est donc la femme qui vous tourne la tête au point de...

WARDEN, *voyant venir Bretagne.* Chut! que personne ne puisse soupçonner...

SCÈNE V.

LES MÊMES, BRETAGNE, *apportant une lampe allumée qu'il pose sur la table* (1).

BRETAGNE, *gravement.* Les lumières de la philosophie ne suffisant pas quand le soleil est couché... miss Lucy vous envoie cette lampe.

WARDEN. Merci de ses soins obligeants!..

SMITCHEY, *à part.* Miss Lucy!.. la fille aînée du docteur!.. (*Regardant Warden.*) Serait-ce elle? Diable!.. Diable!.. je ne souffrirai pas!..

WARDEN, *bas, à Smitchey.* Je compte sur vous, dans une heure!..

SMITCHEY, *de même.* A condition que vous partirez, monsieur Warden, sans porter atteinte au repos d'une famille qui a droit à tous vos égards!.. Le docteur...

WARDEN, *lui imposant silence.* Taisez-vous, taisez-vous!

SMITCHEY, *à part.* J'ai deviné!.. c'est miss Lucy!..

WARDEN, *haut.* Reconduisez M. Smitchey.

BRETAGNE, *à part.* Il donne des ordres aussi, lui! O décadence! (*Il prend une bougie et précède Smitchey.*)

SMITCHEY, *bas, à Warden.* Réfléchissez, monsieur Warden!..

BRETAGNE, *l'éclairant* (2). Passez, homme de loi.

ENSEMBLE.

Air : *O jour plein de charmes!*
(Chœur final du *Marchand de jouets.*)

WARDEN, *à part.*
Cachons ce mystère
Au regard indiscret!..
Ah! sachons nous taire,
Gardons mon secret!
SMITCHEY, *à part.*
Suivons ce mystère!..
L'argent peut, en effet,
L'empêcher de faire
Un pas indiscret.
BRETAGNE, *à part.*
Philosophe austère,
Empêchons, en effet,
La justice de faire
Un faux pas secret!..
(*Ils sortent par la droite.*)

SCÈNE VI.

WARDEN, *seul.* Qui a pu le mettre sur la piste, ce vieux fou?.. Je n'ai pas proféré une parole!..

1 B. W. S.
2 W. S. B.

(*Légèrement.*) Que m'importe, après tout?.. (*Prenant le billet qu'il a serré dans sa poche.*) Je possède cette réponse de ma divine Marion !.. Elle est enfin touchée de mon amour... Oh! oui.. (*Ouvrant le papier qu'il porte à ses lèvres.*) Je ne lui demandais qu'un mot, qu'un seul... et ce mot, le voici!.. (*Ouvrant le billet avec joie.*) « Partez. » (*Stupéfait.*) Partez?.. quand j'attendais : restez!.. je vous aime!.. Partez! mais c'est affreux !... Après six mois de tendresse, de respects, de lettres passionnées, et une épaule démise... voilà ce que j'obtiens!... (*Se promenant avec agitation.*) Et pourquoi? Parce qu'elle est fiancée à M. Alfred Milson, un petit cousin, un mari d'enfance qu'elle ne peut pas aimer, (*Plus vivement.*) qu'elle n'aime pas, cela saute aux yeux... Toutes les fois que sa sœur prononce le nom de M. Milson, Marion détourne la conversation et parle d'autre chose... (*Avec force et comme s'il discutait avec quelqu'un.*) Elle ne l'aime pas, vous dis-je; je m'y connais, morbleu!.. Ils sont fiancés!.. Belle raison!.. Est-ce que cela empêche d'écouter un nouvel adorateur... présenté... par son cheval, dans des circonstances romanesques? Le cœur des jeunes filles se laisse si complaisamment bercer à toutes les chansons d'amour!.. (*Se promenant plus vivement.*) Oh! je n'accepte point ce congé... (*Relisant.*) Partez!.. Si c'était d'une grande dame, cela voudrait dire : ne partez pas!.. c'est évident!.. Hé ! hé! une enfant de dix-huit ans... quoiqu'élevée dans la solitude... peut avoir un moment d'inspiration, qui lui révèle les finesses de la langue!.. (*Avec résolution.*) Je pose en fait qu'elle ne veut pas que je m'éloigne... et je reste! (*Reprenant sa promenade.*) Quant à M. Alfred, ce peut être un fort aimable garçon... mais je ne l'ai jamais vu, je ne lui dois rien, je ne le trahis pas... j'aime la femme qu'il aime, voilà tout... je la lui enlève... cela se fait journellement !.. (*Avec passion.*) Ce n'est pas ma faute... je sens que je l'aime, cette belle Marion !.. oh ! mais à faire mille extravagances que je n'ai jamais faites... à me marier même... (*Avec force.*) oui!.. à me marier... (*Se reprenant.*) c'est-à-dire... (*Avec abandon.*) ma foi oui!.. (*Regardant le bouquet de fleurs d'oranger à droite.*) Et la vue de ce bouquet qui semble me narguer, de ce bouquet que M. Alfred lui a envoyé comme un avant-coureur de son triomphe, me donne des mouvements de rage... (*Courant au bouquet qu'il saisit et écrase sous ses pieds.*) Non... elle ne portera pas ces fleurs!.. je n'aurai pas la douleur de les voir à son corsage m'humilier !.. m'insulter!.. (*Dans ce mouvement, son bras accroche le vase qui tombe et se brise; au même instant, Marion paraît à gauche et le regarde silencieusement. Warden continuant, sans se préoccuper du vase brisé.*) Là!... là !.. là!.. (*Il

lève les yeux et aperçoit Marion : il reste immobile et tout honteux. — A part.*) Dieu ! c'est elle!..

SCÈNE VII.

MARION, WARDEN.

MARION, *froidement, et après un silence.* Je vois avec plaisir, monsieur Warden, que vos forces sont tout à fait revenues !

WARDEN, *balbutiant.* Pardon, Miss!.. j'étais distrait!.. et je ne sais comment... il est arrivé...

MARION. Que dans votre distraction, vous ayiez foulé aux pieds ces pauvres fleurs, qui n'avaient rien fait pour s'attirer votre colère?

WARDEN, *vivement.* Rien fait!.. Et cette menace qu'elles m'adressent? (*Montrant son billet froissé.*) Et ce mot cruel qu'elles vous ont inspiré?

MARION, *avec un peu d'ironie.* Ah!.. ce n'est pas celui que vous attendiez?

WARDEN. Je l'avoue, Miss!.. Sans avoir la sotte fatuité de croire que six mois de tendresse respectueuse aient pu vous faire oublier l'engagement qui vous lie... je me disais : « Elle est « bonne... autant que belle!.. Elle aura pitié de « tourments qu'elle seule a causés!.. et, au lieu « d'un mot d'exil, bien sec, bien dur... elle viendra m'apporter quelques paroles de consolation... me tendre sa main en signe d'adieu et « de pardon ! »

MARION, *avec douceur.* Eh bien! vous le voyez... je suis bonne... car je suis venue!.. Ma main, monsieur Warden? Mon Dieu! la voici! Je vous pardonne volontiers l'étrangeté de vos paroles et de vos idées !.. Mais franchement, il faut que, pendant votre séjour dans la maison de mon père, vous ayiez bien peu appris à me connaître, pour vous croire obligé... parce que je suis jeune... jolie peut-être, de m'offrir votre cœur... comme on offre un siège dans un salon!.. De m'écrire chaque jour que vous m'adorez, que vous mourez d'amour... et tous ces jolis riens, ces aimables fadeurs d'un monde que je ne connais pas... et que vous avez débitées à cent autres!.. De bonne foi, monsieur Warden, ce langage banal n'est digne ni de vous... ni de moi!

WARDEN, *déconcerté, à part.* C'est unique!.. Une jeune fille élevée à la campagne! (*Haut.*) Vous êtes injuste, Mademoiselle! mais c'est là le châtiment de ma vie passée... de vous voir railler le seul amour vrai que j'aie jamais ressenti!.. (*Amèrement.*) M. Alfred est plus heureux !.. On le croit, lui... on ne doute pas d'une seule de ses paroles!..

MARION. Vous vous trompez, monsieur Warden... ce n'est pas le souvenir d'Alfred qui me rend sévère envers vous!..

WARDEN, *avec force*. Mais on l'attend, mais il va revenir!..

MARION. Je le sais!..

WARDEN. Et cette horrible pensée que bientôt votre mariage avec lui!..

MARION, *froidement*. Qui vous dit que ce mariage aura lieu?..

WARDEN. Qu'entends-je... ah! ne me trompez pas!.. Au nom du ciel, ne vous jouez pas d'un malheureux!..

MARION. Je ne me joue de personne, monsieur Warden... j'aime Alfred; je l'estime plus que je ne puis vous dire!.. et pourtant, jamais je ne serai sa femme!..

WARDEN, *avec joie*. Il serait possible!..

MARION. N'allez pas prendre ceci pour une espérance, au moins!..

WARDEN, *de même*. Non!.. mais pour une lueur, un avenir qui peut me rattacher à la vie!.. Vous ne serez pas sa femme? Ce que j'avais cru entrevoir est donc vrai?.. Cet engagement, on vous l'a imposé, on vous l'a surpris?.. Oui, oui, votre cœur est libre encore!.. Je puis vous aimer, vous le répéter... vous m'aimerez un jour!...

MARION. Mais je n'ai pas dit un mot de tout cela!..

WARDEN, *étonné*. Comment?

MARION, *souriant*. Voyez avec quelle facilité votre imagination change et tourne à tout vent!.. Tout à l'heure, vous accusiez le ciel, mes dédains, mon injustice!.. Et maintenant... que je n'épouse plus Alfred, il vous semble que je ne puis aimer que vous, et que les choses doivent aller toutes seules!..

WARDEN, *vivement*. Non, non... Dieu me préserve de m'abuser à ce point!.. Ce que je vous demande... Marion... laissez-moi vous appeler ainsi... ce que je vous demande... c'est de me permettre de vous aimer, de chercher à vous mériter, d'être, à partir de ce moment, votre esclave dévoué... (*Voyant qu'elle va répondre et l'interrompant.*) oh! vous verrez comme vous me rendrez bon, comme mon cœur près de vous retrouvera sa jeunesse, sa pureté!.. Mon Dieu! cela ne vous engage à rien... En vous donnant ma vie, je n'y mets point de condition... je n'en fais pas le prix de votre amour!.. Et si, plus tard... quand vous me connaîtrez mieux, vous me dites : Monsieur Warden, je ne vous aime pas! je ne cesserai point de vous aimer, moi, cela me serait impossible... (*Avec effort.*) mais je courberai la tête... je m'éloignerai sans me plaindre... et je respecterai votre arrêt.

MARION, *doucement*. Oui... comme vous avez respecté ces fleurs... qui sont encore là... à vos pieds.

WARDEN, *ramassant vivement les débris du bouquet*. Ces fleurs!.. ah! pardonnez un mouvement dont je n'ai pas été maître... (*Frappé d'une idée.*) ou plutôt... en expiation de ma faute, reprenez ces débris... Qu'ils soient, entre vos mains, le gage de mon obéissance à venir... de ma soumission à vos moindres désirs... (*Avec chaleur.*) Oui, Marion, en quelque lieu que je me trouve... si j'étais assez malheureux pour avoir une pensée qui vous déplût... si j'allais commettre une action que vous blâmeriez...

MARION. Eh bien?

WARDEN.

Air : Berthe, croyez-moi (Piano de Berthe).

Ah! pour raffermir mon cœur incertain,
Qu'une de ces fleurs, ordre souverain,
M'arrive aussitôt... alors, je le jure,
À vos volontés... et sans un murmure,
  J'obéis soudain!

MARION, *regardant le bouquet qu'il tient à la main*. Quoi, à l'aspect seul d'une branche de ce bouquet, vous m'obéiriez?

WARDEN. Aveuglément.

MARION. Sans réflexion?

WARDEN. Sans hésiter!..

MARION, *souriant*. C'est un grand pouvoir que vous m'offrez là, monsieur Warden!

WARDEN. Le pouvoir absolu... (*Tendrement.*) acceptez-le.

MARION, *prenant le bouquet, après un moment d'hésitation*. Je l'accepte!.. (*Avec grâce.*) Sans conditions?..

WARDEN, *ravi*. Aucune! je n'exige rien... je ne vous demande rien... (*Avec hésitation.*) Seulement... je voudrais bien savoir... ce que je dois attendre... ce que je dois faire...

MARION.

Même air.

Je l'ai dit : partez!..
  WARDEN, *se récriant.*
   Encor ce refrain!
Cet ordre cruel!.. ce mot inhumain!
Non, n'espérez pas que je me hasarde...
  MARION.
Vous vous révoltez... déjà!..
(*Lui montrant le bouquet dont elle le menace en souriant.*)
   Prenez garde!..

WARDEN, *confus. Parlant vivement*. Non! non! (*Achevant l'air.*)
  J'obéis soudain! (*Bis.*)

LUCY, *appelant en dehors*. Marion!.. Marion!..

MARION. Ma sœur!.. (*À Warden, rapidement.*) Pas un mot!.. qu'elle ne puisse se douter que j'étais près de vous! (*Elle se jette dans la galerie et disparaît par le fond.*)

WARDEN, *seul*. Qu'est-ce que cela signifie?.. Elle n'aime pas M. Alfred... c'est clair, mais elle ne m'aime pas non plus!.. C'est un troisième!.. l'inconnu!.. qui est toujours le mortel préféré... précisément parce qu'il est inconnu!..

SCÈNE VIII.

WARDEN, LUCY, *puis* SMITCHEY.

LUCY, *entrant par la gauche.* Marion !.. (*S'arrétant en voyant Warden.*) Pardon, Monsieur, je croyais que ma sœur... vous ne l'avez point vue ?

WARDEN. Non, Miss... je le regrette d'autant plus... que, sur le point de prendre congé de votre excellent père... j'aurais voulu vous remercier toutes deux de votre touchante hospitalité...

LUCY, *froidement.* Ah! vous avez reçu la réponse que vous attendiez?

WARDEN. A l'instant même... par écrit... (*A lui-même.*) et de vive voix!.. (*Haut.*) Aussi claire que possible! Elle ne me permet aucun retard!(*Avec hésitation.*) Mais, avant de m'éloigner, miss Lucy... j'ai une prière à vous adresser...

LUCY. A moi, Monsieur?

WARDEN. Toutes les fois que j'ai parlé au bon docteur de reconnaître des soins... que rien ne saurait payer, je le sais... il s'est mis à rire et m'a envoyé promener!..

LUCY, *souriant. Smitchey paraît au fond* (1). C'est son habitude!..

WARDEN. Je n'ai pas la prétention de m'acquitter envers lui!..

SMITCHEY, *entrant par la porte du fond, à part.* Un tête-à-tête avec elle! C'est bien cela!..

WARDEN. Mais qu'il me soit permis au moins de vous offrir... comme gage des sentiments dont je suis pénétré... cette bague... (*Il la détache de son doigt.*)

LUCY. Un diamant magnifique!..

SMITCHEY, *à part* (2). Tentative de séduction!

WARDEN, *à Lucy.* Ma mère l'a longtemps portée... c'est vous dire assez...

LUCY, *le repoussant.* Le prix que vous devez y attacher... Gardez cette bague, Monsieur... et si nous ne devons plus vous revoir, croyez que nous n'avons besoin d'aucun souvenir pour désirer votre bonheur...

SMITCHEY, *à part.* Très-bien !

WARDEN. Miss Lucy...

SMITCHEY, *haut et s'approchant familièrement.* Hum! hum!

LUCY. Monsieur Smitchey!..

SMITCHEY. Désolé de vous interrompre!.. Je venais rendre compte à mon client d'une petite commission qu'il m'avait donnée!.. (*Bas, à Warden.*) Eh bien?

WARDEN, *bas.* Je suis battu! je pars cette nuit même!

SMITCHEY. J'en étais sûr! aussi, je vous apporte vos cinq cents guinées..... (*Il lui donne une bourse.*)

1 S. W. L.
2 S. W. L.

WARDEN, *la prenant et avec humeur.* Ah! vous étiez sûr de mon échec?

SMITCHEY, *bas.* Certainement!.. Cette jeune fille est la réserve, la vertu même!.. Partez, voyagez, amusez-vous... et surtout, portez vous bien! Ça, je vous le demande comme un service personnel!..

SCÈNE IX.

LES MÊMES, LE DOCTEUR, MARION, *puis* BRETAGNE ET CLÉMENCE (1).

LE DOCTEUR, *entrant tout essoufflé par le fond.* Marion !.. Mes enfants !.. Victoire !.. Grande nouvelle !..

LUCY. Quoi donc, mon père?

LE DOCTEUR, *tombant dans un fauteuil* (2). Dieu me pardonne, monsieur Warden... si ce pauvre monde n'était pas une mauvaise plaisanterie... je crois que je suffoquerais de plaisir... (*Cherchant des yeux.*) Mais où est donc ma petite Marion ?..

MARION, *entrant par la gauche.* Vous m'avez appelée, père?

LE DOCTEUR, *l'attirant à lui* (3). Hé! viens donc, chérie!.. Une lettre!

LUCY. De lui?.. (*Se reprenant.*) d'Alfred?

SMITCHEY. De ce cher Alfred?

WARDEN, *à part, avec humeur.* Oh!... M. Alfred!.. Il me poursuit celui-là!

LE DOCTEUR. Il revient!

TOUS. Il revient?

LE DOCTEUR. Demain matin!

LUCY, *émue.* Demain !

MARION, *à part, en regardant sa sœur.* Demain!

WARDEN, *à part.* Elle a pâli!..

LE DOCTEUR, *ouvrant la lettre.* Écoutez!.. (*S'interrompant.*) Mais avant tout... (*Appelant.*) Bretagne, Clémence!..Le thé!.. j'ai besoin d'humecter ma joie!.. et le voisin Smitchey ne sera pas fâché non plus...

SMITCHEY, *voyant apporter le thé par Clémence et Bretagne.* De la partager? Bien volontiers!

WARDEN, *qui est assis à l'autre bout du théâtre.* Qui me donnera le mot de cette énigme?

LUCY, *à son père, pendant que Marion prépare le thé et en offre.* Lisez donc, père!..

LE DOCTEUR, *dépliant la lettre* (4). Oh! petite curieuse! Vous permettez, monsieur Warden! (*Lisant.*) « Mon bon oncle... je suis libre enfin...j'ai « travaillé nuit et jour... pour abréger le temps « du... de... » (*S'interrompant.*) Au diable! il a fait un pâté... pour aller plus vite!.. (*Continuant.*) « Le 7, au plus tard...

1 D. L. S. W.
2 M. S. D. L. W.
3 S. D. M. L. W.
4 C. B. S. D. M. L. W.

MARION, *attentive*. C'est demain !..

LE DOCTEUR, *continuant*. « Je serai près de vous, « près de ma chère Marion !.. Et si M. Smitchey « a rempli, comme je lui ai écrit de le faire, toutes « les formalités d'usage...

SMITCHEY, *buvant son thé*. C'est fait.

LE DOCTEUR, *continuant*. « Nous pourrons être mariés le jour même...

MARION, *à part, regardant Lucy qui fait un mouvement*. Le jour même !..

LE DOCTEUR, *à lui-même*. Cher enfant! En voilà un qui ne veut pas perdre de temps!.. (*Voulant continuer.*) « Je ne vous parle pas de mon bon- « heur, de mon ivresse... du... des... » (*S'es- suyant les yeux.*) Va te promener!.. je n'y vois plus!.. Enfin, il revient!.. Tiens, Marion, achève sa lettre... Donnez-moi une tasse de thé... Il y a une foule de choses pour vous deux, chères petites.

LUCY, *prenant vivement la lettre*. Vraiment!

MARION, *qui l'a remarquée, à part*. Que faire, mon Dieu?

LUCY, *lisant*. « Bientôt... je vous embrasserai, « sœurs chéries!.. vous, ma bonne Lucy... vous, « Marion, mes seules amours !.. »

LE DOCTEUR, *prenant son thé et à Marion*. Tu entends, mignonne?.. (*Riant.*) toujours les mêmes bouffonneries!

MARION, *distraite*. Oui, père... (*S'approchant vivement de Michaël et d'une voix émue.*) Une seconde tasse, monsieur Warden?

WARDEN, *la regardant d'un air étonné*. Mille grâces, miss Marion...

LE DOCTEUR. Quand on pense que le pauvre garçon a écrit tout cela... sérieusement !..

MARION, *à part*. Il n'y a plus à hésiter !.. (*Bas, à Michaël.*) Puis-je me fier à votre honneur?.

WARDEN, *bas*. Je vous l'ai dit... ordonnez!..

MARION, *bas, et résolument*. Dans une heure... trouvez-vous à la porte du verger avec une voi- ture... j'y serai !..

WARDEN, *laissant échapper un cri de joie*. Ah !

TOUS, *se tournant de son côté*. Qu'est-ce donc?

WARDEN, *souriant et se remettant*. Une mala- dresse... j'ai failli laisser tomber... (*Rendant sa tasse à Clémence, à part.*) Je m'étais encore trompé!.. c'est moi qu'elle aime!.. c'est moi qui suis l'inconnu!.. oh! les femmes!.. Avec elles, c'est toujours l'impossible... qui se fait!

LE DOCTEUR, *à Warden*. Ah ça! mon cher hôte, vous assisterez demain...

WARDEN. Désespéré, docteur, de ne pouvoir prendre part à vos joies de famille!.. mais une af- faire des plus urgentes... que M. Smitchey vient de me rappeler...

SMITCHEY, *appuyant*. Oui... oui... (*Bas, à War- den.*) C'est bien, ça n'a pas l'air!.. c'est très-bien!

WARDEN. M'oblige à vous faire mes adieux ce soir même!..

LUCY, *à part, avec joie*. Enfin !

LE DOCTEUR. Comment, comment, monsieur Warden! Depuis quand y a-t-il pour vous des af- faires sérieuses!

WARDEN. Celle-ci est grave!.. (*Regardant Ma- rion.*) Il y va du repos de ma vie...

SMITCHEY, *appuyant toujours*. C'est exact.

LE DOCTEUR, *à lui-même*. Quelque amourette nouvelle !.. (*Haut.*) A peine convalescent... en- treprendre un voyage...

WARDEN. Jamais je ne me suis mieux porté, grâce à vous, mon digne Esculape, aussi...

LE DOCTEUR. Je ne veux pas vous contraindre, cher monsieur!.. (*Lui tendant la main.*) Adieu donc... et soyez aussi heureux que ce monde permet de l'être.

WARDEN, *prêt à prendre la main du docteur, et s'arrêtant tout à coup, à part*. Ah! au moment de... je ne me sens pas la force de lui serrer la main! (*Haut, rapidement et avec trouble.*) Nous nous re- verrons, bon docteur... oui... j'espère pouvoir vivre un jour au milieu des amis que je laisse ici!.. Mais pardon... quelques dispositions à prendre... (*S'inclinant, à Lucy.*) Miss... (*Bas à Marion.*) Dans une heure !..

SMITCHEY, *bas, à Warden* (1). A merveille, je vous approuve !..

WARDEN, *à part, en sortant*. Elle est à moi !.. (*Il sort précipitamment.*)

~~~~~~

SCÈNE X.

LES MÊMES, *excepté* WARDEN.

LE DOCTEUR, *le regardant sortir* (2). Hum! je plains la pauvre folle qui écoutera ce compère- là!.. un philosophe pratique (*Entre ses dents.*) qui doit mener les choses!.. (*Gaiement et se frottant les mains.*) Après tout, cela ne nous regarde pas !.. Ce sera un beau jour, que le jour de demain, n'est-ce pas, mes enfants?..

LUCY. Oh! oui! (*A Marion.*) Demain, chère sœur, je pourrai dire à Alfred en te rendant à lui, que tu l'as toujours aimé... et qu'il n'aj amais eu besoin de mon secours pour lui garder ton cœur!..

MARION, *à part*. Oh! elle me fait un mal!.. (*Haut et tendrement.*) Lucy!.. Comme elle est belle ce soir!.. Regardez donc, mon père...

LE DOCTEUR, *regardant Lucy*. Un peu pâle !.. Est-ce que tu souffres, chérie?

LUCY. Du tout! je me sens si heureuse !..

LE DOCTEUR, *se tournant vers Marion*. Et toi, Marion, tu pleures! (*Souriant.*) Ah! oui!.. je comprends!.. après une longue attente... le bon- heur... l'émotion !.. (*Sans lui répondre, Marion se jette dans les bras de sa sœur.*) Et moi-même,

1 L. M. W. S. D.
2 L. M, D. S.
~~~~~~

dans la joie que j'éprouve, (*Regardant Clémence qui range.*) Si Clémence avait un amoureux... je la marierais aussi et doublerais ses gages!

CLÉMENCE, *ouvrant de grands yeux.* Oh! Monsieur!

LE DOCTEUR. Mais tu n'as pas d'amoureux, toi!

BRETAGNE, *à part.* Doubler ses gages!..

LE DOCTEUR. Mais c'est assez déraisonner! (*A ses filles.*) Ce monde est un non sens, petites; les amants, l'amour et tout ce qui s'ensuit... non sens!.. Cependant, il faut faire comme les autres... allons nous coucher, afin de nous lever de bonne heure, et de préparer à ce cher Alfred un accueil étourdissant!..

MARION, *s'avançant vers son père.* Mon bon père... si jamais je vous ai causé quelque chagrin... si je devais vous en causer... dites-moi que vous me pardonnez... et que vous m'aimerez toujours bien... (*Elle cache sa tête contre la poitrine du docteur.*)

LE DOCTEUR, *étonné.* Ah çà... quoi! toi aussi, tu extravagues, ma pauvre Marion! Que puis-je avoir à te pardonner, petite folle... et comment peux-tu croire que jamais je cesserai de t'aimer?.. Allons, embrasse-moi, mon amour... A demain, Smitchey!..

MARION, *à part.* Mon Dieu, donnez-moi du courage!

ENSEMBLE.

Air : *Avançons, avançons doucement* (M. Barbe-Bleue, du Gymnase).

TOUS, *excepté Marion.*
A demain, bonne nuit, à demain,
Ce beau jour doit enfin
Dissiper tout chagrin...
Bonne nuit, à demain !

MARION, *à part.*
Ah! je tremble... et ce mot... à demain...
Dans mon cœur vient soudain,
Comme un fatal refrain,
Redoubler mon chagrin.

(*Au moment où le docteur va sortir, Marion s'élance et l'embrasse encore sans rien dire.*)

LE DOCTEUR, *plus étonné.*
Hé bon Dieu!.. qu'as-tu donc ce soir?

(*Le docteur et les deux sœurs sortent par la gauche ; Smitchey sort par la porte de droite dont Clémence prend la clé. Après l'avoir fermée, elle revient ranger la table et les tasses ; Bretagne s'est assis et la regarde.*)

SCÈNE XI.

CLÉMENCE, BRETAGNE.

CLÉMENCE, *à part* (1). Un amoureux, a dit M. le docteur!.. Quelle occasion si on en avait un !..

BRETAGNE, *à part.* Je doublerais ses gages! Certainement j'ai lu dans Sénèque, que nous devons mépriser les richesses !.. ce qui ne l'a pas empêché de faire sa pelotte... ce bon Sénèque!.. et je ne vois pas pourquoi... (*Regardant toujours Clémence.*) Hé! hé!.. c'est un beau brin de fille!.. C'est unique comme elle est changée à son avantage, depuis quelques instants !..

CLÉMENCE, *levant les yeux.* A quoi pensez-vous donc, monsieur Bretagne?

BRETAGNE, *gravement et toujours assis.* Je pense, Clémence, que ce qui rend la position de domestique humiliante... c'est de servir les maîtres.., et de ne jamais commander! (*Les imitant.*) Faites ceci, allez là... montez, sortez! (*D'un ton magistral.*) Un instant, Monsieur, je suis homme avant d'être valet... j'ai ma raison, mon libre arbitre, Monsieur !.. (*Ton naturel.*) Aussi, pour prendre ma revanche, (*Se levant.*) et commander à mon tour... j'aurais presque envie de me marier !

CLÉMENCE, *avec un mouvement.* Vous marier, monsieur Bretagne!.. Ah ben! (*Avec émotion.*) et qui auriez-vous l'idée d'épouser?

BRETAGNE, *riant, en la regardant.* Hé!.. hé!.. cette pauvre fille!.. Malgré le discours sur l'inégalité des conditions... que penseriez-vous, Clémence, si mon choix était tombé... sur vous?

Air de la *Sentinelle.*

CLÉMENCE, *étourdie.*
Sur moi, grand Dieu! parlez-vous tout de bon?
BRETAGNE.
Rien n'est plus vrai !
CLÉMENCE.
Qui, moi? votre compagne!
BRETAGNE.
Vous l' méritez... je vous donne mon nom!..
CLÉMENCE, *suffoquant.*
Quoi, je serais enfin madam' Bretagne!..
(*Près de se trouver mal de joie et se laissant tomber sur un fauteuil.*)
Ah! j'en mourrai!..
BRETAGNE, *la soutenant.*
Vous changez de couleur!
CLÉMENCE, *d'une voix faible.*
Je vais passer!..
BRETAGNE, *effrayé.*
Non pas! c'est trop précoce!
Voyez quel serait mon malheur,
Si vous alliez par trop de bonheur,
Me rendre veuf avant la noce.

CLÉMENCE, *revenant à elle* (1). N'y a pas de danger!.. (*Gaiement.*) Je n'en reviens pas!..

BRETAGNE. Ni moi non plus! Et ce qui m'étonne, c'est qu'en dépit de la philosophie... vous avez produit ce changement... en cinq minutes !..

CLÉMENCE, *ravie.* C'est que vous m'aimiez aussi, sans vous en apercevoir !..

BRETAGNE, *riant et les mains dans ses poches.* Ah!.. ah!.. ah!.. Est-elle naïve!.. c'est vrai... il faut croire... ah!.. ah!.. mais après tout, vous êtes dans votre genre, une brave et bonne fille !.. (*Lui tendant la main.*) A quand la noce?

CLÉMENCE. Demain, si vous voulez,.. monsieur Bretagne!

BRETAGNE. Cet empressement vous honore, Clémence! mais il faut savoir mettre un frein... (*S'arrêtant et écoutant au fond. Musique mystérieuse et pianissimo à l'orchestre qui continue jusqu'après l'entrée de Marion.*) Quel bruit singulier?..

CLÉMENCE. Je n'ai rien entendu!

BRETAGNE, *écoutant encore.* On dirait quelqu'un qui marche à pas de loup... le long du mur de clôture!

CLÉMENCE. Vous rêvez ça!..

BRETAGNE. Du tout!.. Diable!.. Cette maison est si isolée! (*Allumant une lanterne.*) Pour ma propre satisfaction...je vais faire une petite ronde extérieure!..

CLÉMENCE. Vous en serez pour votre peine!

BRETAGNE. C'est possible!.. mais comme dit Socrate : « La prudence est la mère...» Attendez-moi là!.. (*Il sort par le fond.*)

SCÈNE XII.

CLÉMENCE, puis MARION.

CLÉMENCE, *écoutant encore.* Il rêve !.. Ils dorment tous comme des marmottes! (*Avec élan.*) Mais suis-je heureuse, mon bon Dieu!.. moi, la femme d'un homme si distingué... Comme ils seront surpris demain matin quand... (*Elle se retourne et jette un cri en voyant Marion qui entre par la gauche.*) Ah!

MARION, *en costume très-simple, et enveloppée dans une mante à capuchon* (1). Chut!.. parle bas!

CLÉMENCE, *étonnée.* Mam'selle Marion! Encore levée! et ce costume!.. Qu'est-ce que ça signifie?

MARION, *à voix basse.* Silence, te dis-je!.. tu tu m'as toujours aimée, ma bonne Clémence?

CLÉMENCE. Vous le demandez!

MARION, *montrant la porte de droite.* Donne-moi la clé de cette porte.

CLÉMENCE. La clé?.. (*La lui donnant machinalement.*) La voilà... mais qu'en voulez-vous faire, à cette heure-ci?..

MARION, *qui a été ouvrir la porte* (2). Tu le sauras!.. toi, toi seule... mais au nom du ciel point de bruit!.. tu pourrais réveiller mon père!.. (*Regardant en dehors.*) Personne encore!..

CLÉMENCE, *qui la suit des yeux.* Je n'y comprends rien!.. mais v'là le frisson qui me prend!.. Mam'selle!..

MARION, *revenant et la pressant contre elle-même.* Clémence... il faut que je parle... cette nuit même!..

1 M C.
2 C. M.

CLÉMENCE, *atterrée.* Partir !.. vous, Mam'selle... quitter cette maison ! (*Baissant la voix sur un signe de Marion.*) Ce n'est pas possible!..

MARION. Il le faut.

CLÉMENCE, *très-émue.* Vous, mon Dieu!.. oh! tenez... je ne suis qu'une pauvre fille de campagne... je ne sais pas grand'chose... mais je suis sûre que ce que vous voulez faire est mal!.. Réfléchissez!.. Je vous en supplie!..

MARION. J'ai bien réfléchi, Clémence!..

CLÉMENCE. Et M. Alfred qui va arriver... lui que vous aimiez... qui vous aime tant!.. Attendez à demain!..

MARION, *faisant un pas.* Je ne puis!

CLÉMENCE, *se mettant devant elle* (1). Non! je ne souffrirai pas... (*D'une voix suppliante.*) Marion... chère Marion !.. ne franchissez pas le seuil de cette mais n! . cela vous porterait malheur!.. Pensez à votre père, à votre sœur... à moi !.. à tous ceux qui vous chérissent enfin !..

MARION, *attendrie.* J'y ai pensé, Clémence! crois-le bien!.. Je suis touchée de ta tendresse, mais ma résolution est inébranlable.

Air nouveau de *M. Montaubry.*

Toit paternel qui m'as vu naître,
Ciel doux et pur, vallons chéris,
Je vous fuis, pour toujours peut-être,
Vous, hélas ! mes premiers amis!..
   (*Avec déchirement.*)
     O souffrance extrême,
     Mortelle douleur...
     Qui brisez mon cœur
     A l'heure suprême...
     (*Avec larmes*)
     Adieu tout ce que j'aime,
     Adieu tout mon bonheur !

(*Avec effort.*) Adieu !.. Clémence!..

CLÉMENCE, *voulant s'élancer vers la gauche* (2). Non, non, je vais appeler!.. (*Musique à l'orchestre; même motif qu'à la scène onzième.*)

SCÈNE XIII.

LES MÊMES, WARDEN, *enveloppé dans son manteau et paraissant à la porte du fond.*

WARDEN, *à mi-voix.* N'appelez pas!

CLÉMENCE, *le reconnaissant et s'arrêtant* (3). Monsieur Warden!.. ô mon Dieu! maudite soit l'heure où cet homme a mis le pied chez nous!..

WARDEN, *à Marion.* Miss Marion, hâtez-vous! la voiture est à vingt pas d'ici et j'entends au loin le galop d'un cheval qui se dirige de ce côté!..

MARION, *embrassant Clémence à plusieurs reprises.* Adieu, Clémence!..

1 M. C.
2 C. M.
3 C. W. M.

CLÉMENCE, *à genoux et la retenant* (1). Oh! non... ne partez pas, ma bonne maîtresse!.. je m'attache à vous!..

WARDEN, *éloignant Clémence et avec menace.* Sur votre tête, pas un mot, pas un cri!.. (*Elle demeure immobile.*)

MARION, *donnant une lettre à Clémence* (2). Tu remettras cette lettre à mon père... demain, à son réveil... à lui seul!.. sans que ma sœur la voie!..

WARDEN, *écoutant à droite* (3). J'entends marcher dans la cour. (*Prenant la main de Marion.*) Venez vite!..

CLÉMENCE, *toujours à genoux.* Oh! Satan!..

MARION, *l'embrassant encore.* Adieu encore!.. (*Avec larmes.*) Que ne puis-je les serrer tous sur mon cœur!.. ils sauraient ce qu'il m'en coûte!.. (*S'arrêtant sur le seuil de la porte.*) Adieu! adieu!

WARDEN, *la soutenant et l'entraînant rapidement.*) Venez!.. venez!..

SCÈNE XIV.

CLÉMENCE, *puis* BRETAGNE.

CLÉMENCE, *seule d'abord, éperdue et toujours agenouillée.* Ne l'écoutez pas!.. Marion, ma chère maîtresse!.. revenez, au nom du ciel!.. hélas!.. elle ne m'entend plus!.. elle fuit avec cet homme... (*Se levant et se frappant la tête.*) Oh! j'avais deviné!.. Son pauvre père en mourra de douleur!..

BRETAGNE, *revenant par la droite, sa lanterne à la main* (4). Pas la moindre inquiétude à avoir... le calme le plus complet!.. (*Voyant Clémence aller et venir comme une folle.*) Eh bien, eh bien!.. Clémence... qu'avez-vous donc? Ces regards effarés... ces mains tremblantes?..

CLÉMENCE, *pouvant à peine parler.* Monsieur Bretagne!..

BRETAGNE, *un peu effrayé.* Vous avez vu quelqu'un?

CLÉMENCE, *de même.* Oui!.. non! mais il faut empêcher... il faut courir...

BRETAGNE. Où ça?..

CLÉMENCE, *avec désespoir.* Il sera trop tard!

BRETAGNE, *inquiet.* Est-ce que sa tête déménage? (*On frappe à coups redoublés à la porte du fond. Bretagne faisant un bond de côté.*) Oh! pour le coup je savais bien que j'avais entendu!..

CLÉMENCE, *à part, avec joie.* C'est elle!.. c'est miss Marion qui revient!

BRETAGNE, *au fond et en tremblant.* Qui va là?

ALFRED, *en dehors.* Moi, moi, Bretagne!.. ouvre vite!..

BRETAGNE, *avec joie.* La voix de M. Alfred!..

1 C. M. W.
2 W. C. M.
3 C. M. W.
4 B. C.

CLÉMENCE, *d'une voix sourde.* M. Alfred!.. dans quel moment!.. Mon Dieu! mon Dieu!.. ayez pitié de nous!.. (*Bretagne est allé ouvrir la porte de la galerie vitrée.*)

SCÈNE XV.

LES MÊMES, ALFRED, *puis successivement* LE DOCTEUR, LUCY ET SMITCHEY (1).

ALFRED, *avec une joie folle.* Oui, c'est moi, Bretagne, ma bonne Clémence!.. Oh! comme en approchant de cette maison, je sentais battre mon cœur!..

CLÉMENCE, *balbutiant.* On ne vous attendait que demain...

ALFRED. C'est vrai!.. mais à vingt milles d'ici... désolé de la lenteur de ce maudit coche, et ne pouvant plus résister à mon impatience... j'ai pris un cheval!.. toujours ventre à terre!.. comme une voiture de poste que je viens de rencontrer...

CLÉMENCE, *à part.* Sa fiancée qui fuyait!..

ALFRED. Oh! quel bonheur de les revoir!..

BRETAGNE, *allant à gauche et criant.* M. le docteur!.. Mesdemoiselles!..

CLÉMENCE, *voulant l'arrêter* (2). Ne les appelez pas, monsieur Bretagne!..

ALFRED. Pourquoi?

CLÉMENCE, *troublée.* Dans le premier sommeil... la surprise... le trouble...

BRETAGNE, *les voyant accourir.* Bah!.. tenez... ils n'étaient pas encore couchés...

CLÉMENCE, *à part.* Oh! malheureuse!.. que leur dire?.. (*Entrent le docteur et Lucy par la gauche, puis Smitchey par le fond.*)

LE DOCTEUR, *en dehors.* Quel tapage!..

SMITCHEY, *entrant par le fond.* Est-ce qu'il y a quelqu'un de malade?

LE DOCTEUR, *apercevant Alfred.* Que vois-je?

LUCY, *avec un cri de joie.* Alfred!.. (3)

SMITCHEY. Alfred!..

ENSEMBLE, *pendant qu'ils s'embrassent.*

Air: *Salut, salut, cité chérie* (Haydée).

TOUS, *excepté Clémence.*
Jour de bonheur! moment d'ivresse!
Ah! loin de $\frac{moi}{nous}$ peine et tristesse! (*Bis.*)
$\frac{Nous}{Les}$ voici réunis pour toujours!

CLÉMENCE, *à part.*
O jour de deuil et de tristesse!
Hélas! pour calmer ma détresse, (*Bis.*)
Qui viendra donc à mon secours?

ALFRED, *à Lucy.* Ma sœur chérie!

SMITCHEY, *gaiement.* Oui-dà! monsieur l'amou-

1 C. A. B.
2 B. C. A.
3 B. S. D. A. L. C.

reux, voilà comme vous attrapez votre monde !..

LE DOCTEUR, *avec bonheur.* Oh ! maintenant, je défie bien le chagrin de nous atteindre !..

ALFRED. Mais Marion ? je ne vois pas Marion !..

LE DOCTEUR. C'est juste ! va la chercher, Clémence !..

CLÉMENCE, *à part.* Bonté divine !

LE DOCTEUR, *voyant qu'elle ne bouge pas.* Eh bien ?

LUCY, *se dirigeant vers la gauche.* J'y cours moi-même !

CLÉMENCE, *les mains jointes.* Oh ! n'y allez pas... n'y allez pas, Mademoiselle !.. (*Mouvement : on l'entoure.*)

TOUS. Comment ?

BRETAGNE, *d'un air grave.* Je vais vous expliquer !.. cette pauvre fille... je lui ai annoncé tout à l'heure que je l'honorais de mon alliance... ça l'a rendue folle de joie !

CLÉMENCE, *d'une voix entrecoupée.* Non... non... plût au ciel que je fusse folle... Miss Marion...

TOUS. Eh bien ?

CLÉMENCE, *aux genoux du docteur.* Pardonnez lui, Monsieur... pardonnez moi... ce n'est pas ma faute...

TOUS. Eh bien ?

ALFRED. Marion ?

LE DOCTEUR, *un peu ému.* Voyons... explique-toi !..

CLÉMENCE, *d'une voix sourde en s'avançant à pas lents et tremblants vers le docteur.* Partie !..

TOUS. Partie ?..

ALFRED. Elle !..

LUCY, *allant à Clémence.* Ce n'est pas possible... Clémence... vous vous seriez opposée...

CLÉMENCE, *pleurant et s'agenouillant.* Je l'ai priée, suppliée... J'étais à ses genoux comme je suis aux vôtres... rien n'a pu l'arrêter !.. elle est partie !..

ALFRED. Seule ?

CLÉMENCE. *baissant la tête.* Avec M. Michaël Warden !..

TOUS. Warden !..

SMITCHEY, *à part, se frappant le front.* C'était Marion !.. et je lui ai donné de l'argent pour ce beau chef-d'œuvre !

1 S. D. C. B. L. A.

LE DOCTEUR, *à Clémence, avec une colère froide.* Tu mens !.. tu mens !.. je suis sûr que ma fille est encore dans sa chambre !

BRETAGNE, *qui a disparu un moment et qui revient par la gauche* (1). Non, Monsieur, la porte était ouverte... il n'y a personne...

LE DOCTEUR, *avec un mouvement de fureur qu'il réprime aussitôt.* Misérable ! (*Moment de stupeur et de silence.*)

CLÉMENCE, *lui présentant la lettre de Marion.* Cette lettre qu'elle a laissée pour vous...

LE DOCTEUR, *la saisissant et avec amertume.* Oui... oh ! oui... je sais ce qu'elle contient !.. fatalité !.. entraînement !.. des larmes hypocrites... son pardon qu'elle implore... (*S'approchant de la cheminée et y jetant la lettre qui brûle.*) Je ne connais plus ceux qui m'ont trompé !..

LUCY, *courant à lui.* Mon père ! Marion n'est pas coupable !.. elle ne peut pas l'être !..

LE DOCTEUR, *tremblant d'émotion* (2). Que son nom ne soit jamais prononcé devant moi... et si elle osait m'adresser d'autres lettres... le même sort !.. toutes !.. je l'ordonne !

ALFRED, *sortant de son accablement.* Oh ! ce Michaël Warden ! je l'ai dit !.. je le tuerai.

SMITCHEY, *à part.* Décidément, je ne l'échapperai pas !..

LE DOCTEUR, *relevant la tête et avec un rire convulsif.* Eh bien ! pourquoi ces visages consternés ?.. (*Musique en sourdine.*) Ne vous ai-je pas répété cent fois que ce monde est une bouffonnerie... une absurdité !.. Y a-t-il rien de plus risible, en effet... qu'une fille qui s'enfuit avec un séducteur... qui abandonne son père... qui le déshonore... (*Éclatant tout à coup en sanglots et tombant accablé dans un fauteuil.*) Oh ! mon Dieu !..

TOUS, *courant à lui,* LUCY ET ALFRED. Mon père !..

SMITCHEY. Mon ami !

CLÉMENCE ET BRETAGNE. Mon cher maître !..

LE DOCTEUR, *avec larmes.* Ah ! je l'aimais trop !.. (*Il se cache la figure ; Lucy et Clémence sont à ses pieds. Alfred et Smitchey sont derrière lui et le soutiennent. — La toile tombe.*)

1 S. D. L. C. B. A.

FIN DU DEUXIÈME ACTE.

ACTE TROISIÈME.

Décor du premier acte, avec quelques changements qui en modifient l'aspect. La maison aux persiennes vertes n'est plus entourée de fleurs ; elle porte une enseigne sur laquelle on lit : AUBERGE DE LA RAPE A MUSCADE : MISTRESS BRETAGNE, LOGE A PIED ET A CHEVAL. A gauche, le même pommier sous lequel venaient s'asseoir les deux sœurs, est entouré d'arbustes qui forment un bosquet ouvert vis-à-vis du public. Un peu plus haut, une haie vive de rosiers, indique la clôture d'une propriété contiguë. Une porte treillagée, placée au deuxième plan, communique de cette propriété au jardin de l'auberge ; au fond, la même grille qui servait d'entrée au premier acte, surmontée d'une enseigne pareille à celle de la maison ; à l'avant-scène, à droite, une petite table et deux chaises.

SCÈNE PREMIÈRE.

BRETAGNE, ALFRED.

(*Alfred sort de la maison, à droite, et se dirige vers la gauche ; Bretagne le suit en continuant la conversation.*)

BRETAGNE. Ainsi, docteur, vous trouvez notre enfant?..

ALFRED, *tout en marchant.* Très-bien ! laisse-le dormir!.. je reviendrai dans la journée!..

BRETAGNE, *le suivant.* Oui... mais voilà déjà plusieurs visites que je vous dois, monsieur Mitson... (*Mettant la main à la poche.*)

ALFRED, *brusquement.* Qu'est-ce que c'est? des honoraires!.. entre nous!.. allons donc! va te promener. (*Il disparaît par la petite porte treillagée, à gauche.*)

BRETAGNE, *seul, s'inclinant et remettant son argent dans sa poche.* Il ne faut jamais contrarier les médecins!.. Ah çà! (*Regardant au fond.*) Mistress Bretagne tarde bien à revenir du marché!.. En l'attendant, si je lisais un chapitre de... (*Avisant un pot de bière et des verres qui sont sur la table, à droite.*) Non, j'aime mieux goûter l'ale que nous avons reçue ce matin... (*S'asseyant.*) Il faut savoir ce qu'on donne aux voyageurs... (*Se versant.*) Thèse. (*Buvant.*) Synthèse!.. (*Smitchey entre par le fond.*)

SCÈNE II.

SMITCHEY, BRETAGNE.

SMITCHEY (1). Ah! ah! toujours philosophant, monsieur Bretagne?

BRETAGNE, *posant son verre.* Comme vous voyez, monsieur Smitchey!.. l'analyse m'absorbe!.. (*Se levant.*) Voulez-vous me faire l'honneur d'accepter un verre de synthèse... je veux dire un verre d'ale?

SMITCHEY. Volontiers!.. il fait une chaleur!.. (*S'essuyant le visage avec son mouchoir.*) J'arrive de Blackway... Je passe ma vie à courir pour les affaires de mon honorable ami M. Warden.

BRETAGNE, *lui versant à boire.* Je serais désolé de dire quelque chose qui vous déplût, monsieur Smitchey!.. mais votre honorable ami était un fier gredin!..

SMITCHEY. Oh! monsieur Bretagne!..

BRETAGNE. C'est mon opinion! voilà un an et demi qu'il a disparu avec miss Marion... sans qu'on sache ce qu'il a fait de la pauvre fille!..

SMITCHEY, *buvant et soupirant.* Ne m'en parlez pas!.. le malheureux !.. Dix-huit mois sans me demander d'argent!.. Il faut qu'il soit mort!..

BRETAGNE, *buvant.* Je le voudrais... philosophiquement parlant!

SMITCHEY, *soupirant plus fort.* Monsieur Bretagne !.. ne vous jouez pas ainsi de ma sensibilité! (*Changeant de ton.*) Et le voisin Jedler... comment at-il supporté?

BRETAGNE, *soupirant et secouant la tête.* Vous vous souvenez que cette maison lui était devenue odieuse? En nous mariant Clémence et moi, il nous l'a louée pour un morceau de pain, le digne homme, et nous y avons établi l'auberge de la *Râpe à Muscade...* une idée de ma femme! ça lui rappelle sa cuisine... Le docteur a acheté une autre maison... (*Montrant la gauche.*) là... tout près.

SMITCHEY. Je sais!... Et, dites-moi... depuis cette lettre à son père, Marion n'a plus écrit?

BRETAGNE. Très-souvent, mais toutes ses lettres, le docteur les a brûlées, et maintenant qu'il n'en vient plus, Dieu me pardonne, on dirait qu'il en attend. Oh! le cœur humain, monsieur Smitchey! (*Buvant.*) Quel abîme de contradictions!.. quel salmis de non sens! Enfin, cette maison qu'il voulait fuir...

SMITCHEY. Eh bien?

BRETAGNE, *montrant la porte treillagée, à gauche.* Depuis qu'il ne l'habite plus, il y vient tous les jours... il a l'air d'y chercher quelque chose qu'il ne trouve pas!..

SMITCHEY, *à lui-même.* Pauvre père!..

BRETAGNE, *haussant les épaules.* Un homme qui se moquait de la bataille de la vie... (*Avec mépris.*) Je le croyais plus philosophe que ça!..

SMITCHEY (1). Bah! bah! vous en feriez autant, si vous aviez quelque chagrin violent!..

BRETAGNE. Moi?.. Cela ne me ferait pas sourciller !.. j'en rirais, voyez-vous.. ah ! ah ! j'en rirais.. comme un bossu !..

SMITCHEY, *se levant.* Grand bien vous fasse !.. (*Changeant de ton.*) A propos, qu'est-ce que votre femme allait donc faire ce matin à Blackway ?

BRETAGNE, *étonné.* A Blackway, ma femme ? Non ! elle est allée au marché de Stockfield, (*Montrant le fond à gauche.*) du côté opposé..

SMITCHEY, *montrant la droite.* Je l'ai rencontrée.. par ici..

BRETAGNE, *se levant vivement.* Moi.. je l'ai vue partir par là.. (*Montrant toujours la gauche.*)

SMITCHEY, *buvant.* Mon Dieu !.. ne vous fâchez pas !.. Après tout.. qu'elle soit allée à Stockfield ou ailleurs !..

BRETAGNE, *se fâchant tout à fait.* Vous êtes charmant, vous !.. ou ailleurs !.. on voit bien que ce n'est pas votre femme !.. mais je suis sûr que vous vous êtes trompé... (*Allant regarder au fond*, et qu'elle va revenir de ce côté. (*Il se tourne vers la gauche.*)

SCÈNE III.

LES MÊMES, CLÉMENCE, *sortant de la maison à droite, avec le costume des fermiers du Devonshire, plaid et capuchon, etc.*

CLÉMENCE, *à son mari qui lui tourne le dos.* Que regardez-vous donc par là, monsieur Bretagne ?

BRETAGNE, *se retournant.* Tiens ! c'est vous, Clémence ?..

SMITCHEY, *se levant.* Qu'est-ce que je disais ?..

CLÉMENCE, *voyant son mari ouvrir de grands yeux* (1). Oh ! cet air étonné !

BRETAGNE, *gravement.* Il y a de quoi, mistress Bretagne ! je disais à monsieur Smitchey que vous étiez à Stockfield; tandis qu'il me soutenait vous avoir rencontrée...

CLÉMENCE. A Blackway ?.. vous aviez raison tous deux ! j'ai été à Stockfield... et je suis revenue par Blackway, à preuve que j'y ai emprunté la carriole de la mère Robin, parce que j'avais pas mal de paquets. (*Montrant la droite.*) Je suis rentrée par la petite cour.. et me voilà !.. Eh bien ! vous ne m'embrassez pas, monsieur Bretagne ?

BRETAGNE, *soucieux.* Je connais mes devoirs d'époux, Clémence ! (*L'embrassant froidement.*) Mais dites-moi, je vous prie...

CLÉMENCE. Votre servante, monsieur Smitchey !..

BRETAGNE, *continuant.* Dites-moi un peu...

CLÉMENCE, *à son mari.* J'ai vendu le poney huit livres, trois schellings !.. êtes-vous content ?

BRETAGNE. Très-content !.. il était boiteux et poussif. (*Reprenant son idée.*) Mais, dites-moi, je vous prie...

CLÉMENCE, *à Bretagne, en l'interrompant encore.* Et notre petit Tony, comment va-t-il ?..

BRETAGNE. Comme un cœur !.. (*Suivant son idée et avec une explosion de colère.*) Mais je veux savoir pourquoi vous êtes allée à Blackway ?

SMITCHEY, *se moquant de lui.* Ah ! ce philosophe qui devait rire comme un bossu...

BRETAGNE, *un peu honteux.* Je ris aussi... mais...

CLÉMENCE, *tranquillement.* Pourquoi j'ai été à Blackway, monsieur Bretagne ?

BRETAGNE. Oui !

CLÉMENCE. Hé ! mon Dieu ! pour des affaires de ménage qui ne vous regardent pas !.. Vous savez.. vous m'avez toujours dit : Clémence, ne me rompez jamais la tête... de ces niaiseries-là... c'est indigne d'un philosophe...

BRETAGNE, *à sa femme.* Cependant...

CLÉMENCE. Ah ! vous auriez jeté de beaux cris, si j'étais venue vous corner aux oreilles...

BRETAGNE, *ébahi.* Corner !.. quoi ? corner !.. quoi ?..

CLÉMENCE, *s'irritant elle-même.* Not' homme, faut que je passe à la ville pour ach·ter des navets, du linge, un pot de moutarde, de la laine pour vos bas, des brassières pour le petit !..

BRETAGNE, *se récriant* (1). Bonté du ciel !..

CLÉMENCE, *à Smitchey.* Vous voyez !.. (*A Bretagne.*) J'ai donc bien fait !.. réembrassez-moi un peu mieux que tout à l'heure et allez débarrasser la carriole de tous les paquets... (*Bas, à Smitchey.* Ne vous éloignez pas, monsieur Smitchey, il faut que je vous parle !..

SMITCHEY, *surpris.* Hein ?

BRETAGNE, *se retournant.* Quoi ?..

CLÉMENCE. Vous les rangerez dans la salle basse !.. (*Lui donnant de petites tapes sur les joues.*) Allez... gros chat !..

BRETAGNE, *à Smitchey.* Je ris malgré moi ! Elle dit que les affaires de ménage ne me regardent pas... et elle me les fait faire.

CLÉMENCE, *riant.* Comme de juste !

BRETAGNE, *riant plus fort.* Comme le mariage change les rôles !.. un homme supérieur qui obéit à... et je parie que je vais y aller... et v'là que j'y vais...

Air : *Pas du poignard* (Enfant prodigue),

Pauvres époux,
Nous traînons un bout de chaîne...
Dieu ! sommes-nous,
Patients, soumis et doux !..
SMITCHEY.
Pour être heureux,
C'est la recette certaine,
Pour être heureux,
L'un doit commander pour deux.
CLÉMENCE,
Et c'est l' mari,
S'il est genti...

Qui doit ainsi
D'obéir être ravi !..
Car les époux,
Méchants, jaloux,
Sont, entre nous,
Malmenés comme des loups.

ENSEMBLE.

BRETAGNE.

Pauvres époux,
Traînons, traînons notre chaîne !
Dieu ! sommes-nous
Patients, soumis et doux !

CLÉMENCE.

Heureux époux,
Traînons, traînons notre chaîne,
Ah ! soyez tous,
Des moutons et non des loups.

SMITCHEY.

Heureux époux,
Près de votre souveraine,
Montrez-vous tous,
Des moutons et non des loups !
(*Bretagne rentre dans la maison.*)

SCÈNE IV.

CLÉMENCE, SMITCHEY.

SMITCHEY, *à mi-voix.* Qu'y a-t-il donc ?..

CLÉMENCE, *lui faisant signe de parler bas.* Je n'ai pas voulu, devant mon mari... le plus excellent homme !.. mais si maladroit !.. comme un savant !.. c'est tout dire !.. et il ne faut pas que le docteur soupçonne.

SMITCHEY, *vivement.* Vous avez des nouvelles ?

CLÉMENCE, *baissant la voix.* Oui !..

SMITCHEY. De notre fugitive ?..

CLÉMENCE. Justement !.. pauvre chérie !.. elle s'est souvenue de moi !..

SMITCHEY, *avec empressement.* Vous l'avez vue ?

CLÉMENCE. Non !.. mais elle m'a fait dire par la mère Robin... c'est pour ça que j'ai été à Blackway... qu'aujourd'hui même je l'embrasserais !..

SMITCHEY. Miss Marion ?..

CLÉMENCE, *avec effusion.* Ici... chez moi !.. Ou plutôt chez elle !.. (*Montrant une fenêtre à droite.*) J'ai préparé son ancienne chambre, la mienne !.. et par le petit escalier de la cour, dont j'ai laissé la porte ouverte.... elle pourra s'y glisser sans être vue !..

SMITCHEY, *inquiet.* Elle revient seule ?

CLÉMENCE. Sans doute !..

SMITCHEY (1). Ah ! mon Dieu !.. elle est donc veuve !..

CLÉMENCE. Veuve de qui ?..

SMITCHEY Hé mais ! de mon malheureux client... qu'elle avait épousé probablement, et qui n'est plus de ce monde !.. C'est clair ! Il était écrit que j'au-

1 C. S.

rais le désagrément de lui survivre !.. (*D'un ton larmoyant.*) Moi, qui avais employé tant de moyens... jusqu'à brûler tous les cartels que ce diable d'Alfred m'avait chargé dans le temps de faire passer à M. Warden...

CLÉMENCE, *brusquement.* Oh ! M. Warden !.. un mauvais sujet !.. je ne m'en soucie guère !.. mais il faut préparer M. Jedler... vous savez comme il a la tête montée !..

SMITCHEY. Il a juré de ne jamais revoir sa fille !..

CLÉMENCE. Allons, monsieur Smitchey, vous qui êtes un homme d'esprit, à ce que vous dites, conseillez-nous !..

SMITCHEY, *apercevant le docteur.* Chut ! le voilà !..

CLÉMENCE, *à mi-voix.* Le docteur ?..

SMITCHEY. Si sa fille arrivait !..

CLÉMENCE, *bas.* Ne dites rien !..

SCÈNE V.

LES MÊMES, LE DOCTEUR, *distrait et entrant par la grille du fond.*

LE DOCTEUR, *sans voir Smitchey et Clémence* (1). Oui... le jour de sa naissance... elle venait à moi... ses jolis cheveux flottant sur ses épaules... et... (*Essuyant une larme.*) Que c'est stupide d'avoir de la mémoire !..

SMITCHEY, *qui s'est rapproché.* Mon ami !..

CLÉMENCE, *lui prenant la main de l'autre côté* (2). Notre maître.

LE DOCTEUR, *les voyant et un peu confus.* Ah ! c'est particulier !.. (*Montrant la grille du fond.*) J'avais cru rentrer chez moi !.. l'habitude... (*Leur souriant.*) Avez-vous remarqué cela, Smitchey ?.. Quand il n'y a pas longtemps qu'on a déménagé et qu'on veut rentrer chez soi... on revient toujours à l'ancien logement... sans s'en apercevoir !..

SMITCHEY, *à part.* Pauvre homme, il se croit obligé de justifier !..

CLÉMENCE, *à part, avec bonté.* Depuis dix-huit mois que ça dure ! (*Haut.*) Eh bien ! est-ce que monsieur le docteur n'est pas chez lui, ici, comme là-bas ?.. Est-ce que la maison n'est pas à lui ?.. Et s'il voulait y revenir !..

LE DOCTEUR. Merci, bonne Clémence !.. (*Avec un sentiment profond.*) Il y a quelqu'un qui m'a chassé de ce logis pour toujours !..

SMITCHEY, *secouant la tête.* Oh !.. pour toujours !..

LE DOCTEUR, *sévèrement.* Oui, Monsieur... plus je l'ai aimée.. plus je serai inflexible avec la fille ingrate... coupable...

CLÉMENCE. Coupable !..

1 C. S. D.
2 S. D. C.

SMITCHEY. Qu'en savez-vous?

CLÉMENCE. Vous n'avez voulu lire aucune de ses lettres!..

LE DOCTEUR, *amèrement.* Elle s'est bien vite fatiguée d'écrire...

SMITCHEY. Dame!.. quand on ne vous répond pas!..

LE DOCTEUR, *vivement* (1). Répondre!.. à quoi bon?.. Est-ce que sa fuite de la maison paternelle ne l'accusait pas assez haut?.. (*Avec force.*) Que pouvait-elle me dire, et qu'avais-je à répondre?.. (*Avec dédain et ironie.*) Un pardon, n'est-ce pas? oh! sans doute, les pères ne sont au monde que pour cela!.. On les trompe, on les abandonne... on les outrage dans leur bonheur, on les torture dans leur amour!.. et puis, ils sont trop heureux de pardonner, quand on veut bien revenir à eux, n'est-il pas vrai? il n'en sera plus ainsi!.. Il est temps que notre tendresse soit payée ce qu'elle vaut... et à qui la méconnaît, mon cœur reste fermé et de glace!

SMITCHEY. Je n'en crois rien!.. (*Faisant des signes à Clémence.*) Et si votre Marion revenait... si elle reparaissait tout à coup!

LE DOCTEUR, *avec un mouvement.* Revenir!.. reparaître!.. est-ce que? (*Avec un regard inquiet.*) Est-ce que vous auriez appris?..

CLÉMENCE. Rien! rien! (*Bas, à Smitchey, en indiquant une persienne à droite qui se referme doucement.*) Elle est arrivée!.. Elle est là!..

LE DOCTEUR, *continuant.* Si elle l'osait!

SMITCHEY, *au docteur.* Eh bien?

CLÉMENCE, *avec élan.* Ma fine!.. coupable ou non, moi, je commencerais par lui sauter au cou!.. (*Au docteur.*) Et vous en feriez autant!..

LE DOCTEUR. Jamais!..

SMITCHEY ET CLÉMENCE. Si fait!..

LE DOCTEUR, *avec colère.* Sur mon honneur!.. je fuirais à l'instant!.. j'irais au bout du monde, dans un désert, pour ne point la voir...

CLÉMENCE, *regardant la persienne avec douleur.* Oh!..

SMITCHEY. Vous, docteur!.. vous qui preniez la vie en riant de tout!..

LE DOCTEUR, *avec amertume.* Oh! oui, je pouvais être philosophe, alors!.. j'étais heureux!.. (*D'un ton sec.*) Tenez! parlons d'autre chose... ou plutôt, brisons là... et retournons à nos affaires! (*Il fait un pas pour entrer dans la maison à droite.*)

CLÉMENCE, *devant lui, en souriant d'un air inquiet.* Eh bien! vous vous trompez encore, monsieur le docteur!..

LE DOCTEUR, *un peu embarrassé et ému.* Non, j'étais venu pour chercher dans sa chambre...

CLÉMENCE, *effrayée.* Dans sa chambre?

LE DOCTEUR. Un portrait de sa mère... auquel Lucy et moi nous tenons beaucoup!..

CLÉMENCE, *bas, à Smitchey.* Comme c'est fin!.. parce que ce portrait ressemble à Marion, à croire que c'est elle. (*Haut et arrêtant le docteur.*) Mon Dieu, je suis bien mortifiée... monsieur le docteur... mais cette chambre est la mienne... elle se trouve dans un désordre... je n'oserais jamais vous y laisser entrer...

SCÈNE VI.

LES MÊMES, BRETAGNE, *paraissant sur le seuil de la porte; il est pâle et tremblant* (1.)

BRETAGNE, *ému.* Non... non... elle ne l'ose pas! parce qu'il y a quelqu'un de caché!..

LE DOCTEUR, *étonné.* Dans sa chambre?

CLÉMENCE, *bas, à Smitchey.* Ah! mon Dieu!..

SMITCHEY, *bas.* Il va tout perdre!.. (*Haut.*) Quelqu'un?..

CLÉMENCE, *tremblant.* Vous rêvez, monsieur Bretagne... et qui donc?..

BRETAGNE. C'est ce qu'il faut que l'on me dise! (*Se tournant vers le docteur.*) Je suis charmé que vous vous trouviez là, monsieur le docteur... (*Changeant d'idée.*) D'abord, j'avais des soupçons! Blackway!.. ce crochet!.. (*Le docteur fait un geste de surprise.*) ça n'était pas naturel!.. Alors, pendant que je déballais la carriole... j'entends monter dans le petit escalier... je cours... j'arrive! v'lan!.. la porte qui se ferme sur mon nez!..

CLÉMENCE, *lui faisant des signes qu'il ne comprend pas.* C'était le vent!..

BRETAGNE. Le vent!.. le vent qui met le verrou! laissez-moi donc tranquille! (*Au docteur.*) Ah! monsieur Jedler, que vous avez raison quand vous dites que la femme la plus naïve en apparence... (*Montrant Clémence.*) la plus bornée... est celle qui trompe avec le plus d'astuce!..

LE DOCTEUR, *avec un retour sur lui-même.* Oh!

BRETAGNE, *montrant Clémence.* Mais je veux la confondre devant vous!.. je vais enfoncer la porte et...

LE DOCTEUR, *sèchement.* Tu es fou... Clémence est une honnête femme, j'en suis sûr!.. D'ailleurs, il vaut mieux garder le doute toute sa vie!.. crois-moi, demande lui pardon... et ne me romps plus la tête de tes sottises!.. laisse-moi. (*Il sort par la gauche.*)

CLÉMENCE, *bas, à Smitchey.* Suivez-le, monsieur Smitchey, et...

SMITCHEY, *bas.* Soyez tranquille!..

CLÉMENCE, *faisant la moue à Bretagne qui reste interdit.* Maladroit!..

SMITCHEY, *de même, en s'en allant.* Imbécile!..
(*Il suit le docteur.*)

SCÈNE VII.

BRETAGNE, CLÉMENCE (1).

BRETAGNE, *interloqué.* Imbécile!.. Que je lui demande pardon!..

CLÉMENCE, *revenant à lui.* Je vous l'accorde d'avance... (*Mystérieusement.*) A condition que vous m'aiderez à cacher la chose à tout le monde!

BRETAGNE. Parole d'honneur, elle devient folle! Je veux savoir (*Montrant la persienne.*) quelle est la personne?..

CLÉMENCE. Affaires de ménage qui ne vous regardent pas!..

BRETAGNE, *se récriant.* Ah! bien!.. quelqu'un caché dans sa chambre! elle appelle ça des affaires de ménage!.. ah! mais...

CLÉMENCE, *baissant la voix.* Et si c'était une femme?..

BRETAGNE, *stupéfait.* Une femme? ah bah!..

CLÉMENCE, *de même.* Vous devinez qui?

BRETAGNE, *comme s'il comprenait.* Parbleu!.. ça doit être...

CLÉMENCE. C'est ça!

BRETAGNE. C'est ça!.. je n'y suis plus du tout!

CLÉMENCE. Maintenant que vous êtes tranquille, que vous êtes au courant... allez vite prévenir la sœur de miss Marion,... que j'ai besoin de lui parler... ici, dans le plus grand secret!..

BRETAGNE, *intrigué.* La sœur! elle aussi... mais!..

CLÉMENCE. Pas de réflexions!.. je le veux, il le faut, et tout de suite!..

ENSEMBLE.

Air : *Embrassons-nous, mignonne* (Pandolphe).

BRETAGNE.
Ayons donc confiance.

CLÉMENCE.
Bien! ayez confiance;

BRETAGNE.
Voulons-nous être aimés?

CLÉMENCE.
Et si vous nous aimez.

BRETAGNE.
Ayons d' l'obéissance.

CLÉMENCE.
Ayez d' l'obéissance,

BRETAGNE.
Marchons les yeux fermés.

CLÉMENCE.
Marchez les yeux fermés.
Oui, voilà, voilà comme
Un philosophe est mné..,
Mené comme un autre homme,
Et par le bout du né!
(*Il sort par la gauche.*)

1 B. C.

SCÈNE VIII.

CLÉMENCE, puis WARDEN.

CLÉMENCE, *continuant ses recommandations à Bretagne par-dessus la haie.* Ne perdez pas une minute! que le docteur ne se doute de rien!..

WARDEN, *lisant l'enseigne.* Auberge de la Râpe à muscade!

CLÉMENCE. Maintenant, cour'onsembrasser cette chère Marion. (*Elle prend son élan et s'arrête en voyant Warden vêtu de noir, qui est entré par le fond, et s'arrête devant l'enseigne de la maison de droite. — A part.*) Un étranger!

WARDEN. Cette maison!.. c'est pourtant bien elle!.. je la reconnais!..

CLÉMENCE, *à part, en regardant Warden.* Dieu du ciel!.. je ne me trompe pas!..

WARDEN, *se retournant et la reconnaissant.* Et cette femme! (*Haut.*) C'est vous, Madame, qui tenez cette auberge?

CLÉMENCE, *troublée.* Oui!.. oui, Monsieur!..

WARDEN, *s'asseyant à droite.* C'est bien, préparez-moi une chambre!..

CLÉMENCE, *à part, regardant la persienne verte.* Se serait-elle sauvée des griffes du vautour?.. Aurait-il découvert qu'elle est cachée ici... et viendrait-il encore?.. (*Haut.*) Toutes les chambres sont prises, Monsieur!..

WARDEN. Alors, servez-moi à dîner!... là...

CLÉMENCE. Ce serait avec plaisir, Monsieur, mais nous n'avons rien... tout est retenu!..

WARDEN, *avec impatience.* Est-ce que je vous demande quelque chose, est-ce que j'ai faim?

CLÉMENCE, *tremblante.* Que voulez-vous donc alors?

WARDEN, *se levant impétueusement.* Ce que je veux!.. Ne le voyez-vous pas?.. Je veux que vous me parliez d'elle... que vous me disiez où elle est... ce qu'elle est devenue... où je puis la retrouver!..

CLÉMENCE, *avec un mouvement.* Ah! vous m'aviez reconnue, Monsieur, vous n'avez pas oublié la nuit fatale!..

SCÈNE IX.

LES MÊMES, BRETAGNE, revenant et entendant les derniers mots.

BRETAGNE, *à part.* Quelle nuit?..

WARDEN, *serrant la main de Clémence (1).* Non, chère Clémence!.. je n'ai rien oublié... ni vos larmes... ni vos prières!..

BRETAGNE, *reprenant ses soupçons.* Ah! c'est donc là cette femme qui était cachée là-haut!.. (*Les bras croisés et venant se placer entre Clémence et Warden.*) Par exemple! il faut que vous

1 C. B. W.

ayez un fameux front!.. (*Reconnaissant Warden.*) Ah!..

WARDEN, *tranquillement.* C'est vous, Bretagne?..

CLÉMENCE. Mon mari, Monsieur!..

BRETAGNE, *saluant.* A vous rendre mes devoirs, si j'en étais cap!.. (*Bas, à sa femme.*) Comment! vous causez avec ce misérable?

CLÉMENCE, *bas.* Il s'est trouvé là, devant moi!..

WARDEN, *les arrêtant.* Oh! mes amis... ne vous éloignez pas, je vous en conjure! J'ai été si malheureux!.. j'ai tant souffert!.. Je ne sais quel instinct secret, quel espoir me poussaient,... j'avais besoin de respirer l'air de ce pays, de revoir ces lieux où j'avais connu Marion dans toute sa grâce, dans toute sa beauté!.. Et, quand j'accours plein de ces souvenirs... tout est changé... (*Regardant autour de lui* (1). Cette maison.,. le docteur Jedler ne l'habite donc plus?..

CLÉMENCE. Non, Monsieur!..

WARDEN. Depuis quelle époque?..

BRETAGNE, *sévèrement.* Depuis la fuite de sa fille, Monsieur... et vous devez comprendre mieux qu'un autre.. (*Remarquant les vêtements noirs de Warden.*) Ah! mon Dieu!.. cette pâleur,.. ces habits de deuil,.. miss Marion est morte!

CLÉMENCE, *poussant un cri involontaire.* Comment! (*A part, la main sur son cœur, et levant les yeux vers la persienne.*) Que je suis bête... elle est là... près de moi... (*Avec doute et faisant un pas.*) C'est égal, tant que je ne l'aurai pas embrassée!..

WARDEN, *l'arrêtant.* Rassurez-vous!.. c'est pour moi seul qu'elle est morte!.. (*Avec inquiétude.*) Mais le docteur... il existe encore... n'est-il pas vrai?..

CLÉMENCE. Oui, Monsieur!..

BRETAGNE. Si l'on peut appeler exister... n'avoir de goût à rien, et errer tristement... comme un pauvre chien qui cherche partout le maître qu'il a perdu!..

WARDEN, *lentement.* Ainsi... Marion n'a point reparu?

CLÉMENCE, *hésitant.* Jamais!

BRETAGNE, *le regardant.* Il doit bien le savoir.

WARDEN, *après un silence.* Et son cousin Alfred?.. sa sœur?

CLÉMENCE. Oh! ils l'ont pleurée!..

BRETAGNE. Comme on pleure... une personne défunte!

CLÉMENCE. C'était à fendre l'âme!

BRETAGNE. Ils en parlaient toute la journée!..

CLÉMENCE, *l'imitant.* Ma chère Marion par ci...

BRETAGNE. Ma pauvre Marion par là!

CLÉMENCE. Mam'selle Lucy tâchait de consoler M. Alfred...

BRETAGNE. M. Alfred cherchait à consoler mam'selle Lucy...

CLÉMENCE. Et dame, à la longue...

WARDEN. Ils se sont consolés?

BRETAGNE. Non, Monsieur... ils se sont mariés!..

WARDEN, *surpris.* Mariés!

BRETAGNE, *pleurant.* Pour la pleurer ensemble!

WARDEN, *s'exclamant.* Mariés!.. Alfred et miss Lucy!

CLÉMENCE. Depuis un mois!.. on ne vous l'avait pas dit?..

WARDEN. Non, vraiment!.. (*Vivement, et parcourant le théâtre* (1). Lui! son fiancé!.. il a pu en épouser une autre!.. Et il prétendait qu'il l'aimait!.. Mais moi, à qui elle n'avait rien promis, moi, qui en échange de mon dévouement, de mon obéissance d'esclave... n'ai recueilli d'elle qu'indifférence et dédain... je n'ai pas eu une pensée, un battement de cœur qui ne fussent à Marion!.. Je la vois sans cesse, là, devant moi... rayonnante de candeur, de pureté... J'entends cette voix si douce, si pénétrante! Où est-elle?.. Se souvient-elle de moi?.. Sait-elle si j'existe?.. Je l'ignore!.. mais je l'aime... je l'aime toujours!.. (*Il tombe accablé sur sa chaise, à droite, après un temps, et avec larmes.*) Oh! que je la revoie, un jour, un instant... vous me devez bien cela, mon Dieu!

CLÉMENCE, *bas, à Bretagne.* Pauvre jeune homme!.. Il m'attendrit!..

BRETAGNE, *se frottant un œil.* Moi aussi... quoique ce qu'il dise n'ait pas le sens commun!.. c'est peut-être pour cela!..

CLÉMENCE, *bas.* N'importe, j'ai envie de lui glisser un mot de consolation.

BRETAGNE, *à part.* Les femmes ont la rage de consoler les gens!.. Dieu sait où ça les mène!.. (*Bas, à Clémence.*) Qu'est-ce que vous lui direz?..

CLÉMENCE, *bas.* Qu'elle est là-haut, cachée!..

BRETAGNE, *comprenant enfin.* Ah bah!

CLÉMENCE. Chut!..

BRETAGNE. C'était?..

CLÉMENCE. Chut!..

BRETAGNE, *à part.* Étais-je stupide!..

〰〰〰〰〰〰〰〰〰〰〰〰〰〰〰

SCÈNE X.

LES MÊMES, ALFRED.

ALFRED, *entrant par la gauche sans être vu.* L'enfant de Clémence doit être éveillé!..

CLÉMENCE, *à l'oreille de Warden.* Vous la reverrez plus tôt que vous ne pensez!..

WARDEN, *levant la tête.* Que dites-vous?..

CLÉMENCE. Du courage, monsieur Warden!..

ALFRED, *s'avançant* (1). Warden! Michaël Warden!..

WARDEN, *s'élançant.* Qui donc?

BRETAGNE, *troublé, voyant Alfred.* Monsieur Alfred!..

WARDEN. Alfred!.. (*Ils se regardent un moment en silence.*)

BRETAGNE, *bas, à sa femme.* J'ai eu tort de le nommer...

CLÉMENCE, *bas.* Oh! oui... à la manière dont ils se regardent!.. (*Montrant la gauche.*) Avez-vous prévenu sa femme?..

BRETAGNE, *bas.* Elle était allée faire des visites dans le voisinage...

CLÉMENCE, *le poussant.* Courez à sa rencontre... amenez-la vite!.. (*Il sort par le fond.*)

CLÉMENCE, *à Alfred, avec empressement.* Monsieur le docteur... j' vas vous conduire près de mon petit Tony...

ALFRED, *sans quitter Warden du regard.* Tout à l'heure, Clémence... allez... j'ai deux mots à dire à Monsieur!..

CLÉMENCE, *à part.* Oh!.. ça me fait froid... comme un coup de couteau. (*Elle rentre dans la maison.*)

SCÈNE XI.

WARDEN, ALFRED.

ALFRED, *après un silence* (2). Vous vous êtes fait attendre longtemps, Monsieur.

WARDEN. Je ne vous comprends pas!..

ALFRED. Smitchey ne vous a-t-il pas fait parvenir?..

WARDEN. Quoi donc?..

ALFRED, *appuyant.* Plusieurs lettres... datées d'il y a environ dix-huit mois.

WARDEN, *vivement.* Des lettres de vous?.. je devine ce qu'elles devaient contenir... (*Dignement.*) Sur mon honneur, je n'ai rien reçu...

ALFRED, *ironiquement.* C'est assez difficile à croire...

WARDEN. Lorsque j'affirme une chose, Monsieur, je ne reconnais à personne le droit d'en douter! J'étais sur le continent... Smitchey a pu ignorer... (*S'approchant.*) Du reste, à quoi bon ce débat? vous m'attendiez?.. me voici, tout prêt à vous répondre!..

ALFRED. Fort bien!.. mais ce n'est pas ici que nous pouvons continuer cet entretien... Si vous daignez m'accompagner...

WARDEN, *souriant.* Dans une promenade aux environs! Comment donc! avec plaisir!.. (*Fausse sortie.*)

1 B. A. W. C.
2 A. W

LES MÊMES, SMITCHEY, *arrivant par la gauche.*

SMITCHEY (1). Le docteur est plus calme et... (*Appercevant Warden.*) Que vois-je? mon client!.. ah! que je suis heureux! vous vivez!...

WARDEN, *gaiement.* Pas pour longtemps, peut-être, mon cher Smitchey.

SMITCHEY, *se récriant.* Comment! pas pour longtemps!

WARDEN. En tous cas, vous arrivez à propos... pour me servir de témoin!

SMITCHEY, *abasourdi.* De témoin! (*Regardant Alfred et à part.*) Oh! j'y suis!.. c'était bien la peine de brûler toutes ses lettres!

ALFRED, *faisant signe à Warden.* Allons, Monsieur!..

WARDEN, *voulant le suivre.* A vos ordres!.. (*La persienne a fait un mouvement comme pour s'ouvrir: ce mouvement s'arrête à la voix de Smitchey.*)

SMITCHEY, *se jetant entre eux.* Un moment! permettez!.. Deux jeunes gens que j'aime... que j'estime! vous battre!.. à quel propos?

ALFRED. Vous le demandez!.. avez-vous oublié?..

SMITCHEY. Je sais bien... il y a eu quelques petites choses!.. Mais vous, Alfred... vous n'avez plus le droit de vous en mêler!.. un homme marié!.. que diable!.. vous êtes sans intérêt dans la cause!..

ALFRED, *vivement.* Sans intérêt!.. Et les tourments que j'ai soufferts! Et l'injure faite à ma famille!.. Qui la vengera? Lors même que celle que nous avons pleurée si longtemps ne serait plus digne de l'estime d'un galant homme!..

WARDEN, *avec force* (2). Arrêtez, Monsieur!.. je vous ai écouté avec calme!.. mais vous osez calomnier miss Marion... son honneur est le mien, et maintenant, c'est moi qui vous défie!..

SMITCHEY, *à part et se désolant.* Ciel et terre!.. à quel saint me vouer?..

ALFRED, *remontant le théâtre.* Eh bien!..

WARDEN. Je vous suis!..

UNE VOIX DE FEMME, *derrière la persienne.* N'y allez pas!..

WARDEN, *qui seul l'a entendue, s'arrêtant troublé.* Cette voix! oh! ce n'est pas possible!.. Elle est donc ici. (*A Smitchey qui revient à lui.*) Avez-vous entendu?..

SMITCHEY, *étourdi.* Quoi?.. non!..

WARDEN, *regardant autour de lui.* C'était un rêve!..

ALFRED, *au fond.* Je vous attends, Monsieur!.. (*Warden fait un pas; tout à coup, on voit un bras de femme entr'ouvrir la persienne et jeter aux pieds de Warden une branche de fleur d'oranger, jaune et flétrie. La persienne se referme.*)

1 A. S. W.
2 A. W. S.

WARDEN, *s'arrêtant de nouveau.* Ciel!.. cette fleur!.. quoique fanée!.. (*La ramassant.*) C'est bien celle à laquelle j'ai juré d'obéir... et qui me défend!.. (*Avec désordre.*) O mon Dieu!.. me déshonorer ou perdre Marion pour jamais!

SMITCHEY, *étonné de son immobilité.* Qu'est-ce qu'il a?..

ALFRED, *redescendant et après un silence.* Que dois-je penser de tant d'hésitations?

WARDEN, *avec effort, à part* (1). Ah!.. elle verra si je l'aime!.. (*Haut et d'une voix altérée.*) Monsieur!.. vous ne saurez jamais ce qu'il m'en coûte, ce que je souffre... mais je ne puis me battre... je ne me battrai pas avec vous!..

SMITCHEY, *étonné.* Bravo!.. (*A part.*) Je n'y comprends rien... mais je suis sauvé!

ALFRED. Quoi, Monsieur!..

WARDEN. Quelle que soit votre opinion... il y a un pouvoir qui enchaîne ma volonté!.. Je vous le répète... (*D'une voix étouffée.*) je ne me battrai pas!..

ALFRED, *après un nouveau silence* (2). Je m'y attendais!.. (*Avec un regard de mépris.*) Il y a des gens qui n'ont de courage que pour déshonorer une femme!..

WARDEN, *vivement et se contraignant.* Monsieur!..

SMITCHEY, *à Alfred, d'un ton de reproche.* Ah!

ALFRED, *continuant.* Pour la sacrifier à leur vanité, à leur orgueil!..

WARDEN, *de même.* Mon Dieu!.. donnez-moi la patience!..

ALFRED, *s'animant de plus en plus.* Et venir ensuite insulter à la douleur de tous les siens?..

WARDEN, *mordant son mouchoir.* Monsieur! Monsieur! vous êtes sans pitié!..

ALFRED, *continuant.* Mais, s'il se trouvent en face d'un cœur loyal et ferme qui leur demande compte de leurs crimes!..

WARDEN, *de même.* Au nom du ciel, Monsieur!.. les forces humaines ont des bornes!..

ALFRED, *avec éclat.* Alors, leur audace tombe!.. Ils acceptent, ils supportent tous les outrages, et vous déclarent froidement qu'ils sont des lâches!..

WARDEN, *avec un cri et s'élançant sur Alfred.* Ah!..

SMITCHEY, *le retenant dans ses bras.* Monsieur Warden!..

WARDEN, *d'une voix brisée et contenue.* Oui... vous avez raison!.. un lâche, puisque vous êtes vivant... là... devant moi!.. Mais vous ne voyez donc pas que je ne suis plus maître de mes sens, de moi-même!.. Vous ne voyez donc pas qu'un mot de plus... (*Avec un mouvement convulsif* (1). Oh! tenez, pour l'amour de tout ce qui vous est cher...

1 A. W. S.
2 A. S. W.
3 A. W. S.

ne me suivez pas... ne me suivez pas, Monsieur!.. (*Warden sort en désordre. La musique continue pianissimo.*)

ALFRED, *voulant le suivre.* (1) Je m'attache à vos pas, et je saurai vous contraindre... (*Clémence paraît à droite.*)

LUCY, *en dehors, à gauche,* Alfred!.. Alfred!..

ALFRED, *s'arrêtant.* Lucy! grand Dieu!..

CLÉMENCE, *bas, à Smitchey en lui montant Warden qui s'est éloigné.* Suivez le!.. je vous rejoins!.. Mais, à tout prix, empêchez!..

SMITCHEY, *bas.* Oh! je le défendrai... comme une lionne défend ses petits!..(*Il suit Warden fond, au moment où Lucy paraît.*)

SCÈNE XIII.

LES MÊMES, CLÉMENCE, LUCY, *puis successivement* BRETAGNE, LE DOCTEUR, MARION.

LUCY, *entrant précipitamment et courant à Alfred* (2). Mon ami!.. qu'y a-t-il donc?.. j'ai entendu votre voix qui semblait tout émue!..

CLÉMENCE, *troublée.* Ah!.. Madame.

ALFRED, *bas.* Silence! (*Haut.*) Vous vous êtes trompée, chère amie!

LUCY, *remarquant le trouble de Clémence.* Est-ce que l'enfant de Clémence est plus mal?..

ALFRED, *cherchant à lui échapper.* Au contraire!.. il va mieux!,. beaucoup mieux!.. mais c'est... (*Apercevant Bretagne qui paraît au fond.*) C'est ce Bretagne que je demande... que j'appelle depuis une heure (1) !..

LUCY, *étonnée.* Bretagne!..

BRETAGNE. Moi!..

ALFRED, *allant à lui.* Pour me conduire...

BRETAGNE. Où ça?..

ALFRED, *lui faisant signe.* Chez ce malade, n'est-ce pas?.. tu me cherchais?..

BRETAGNE. Du tout!..

ALFRED, *l'entraînant.* Si fait!.. (*Bas.*) Tu me serviras de témoin!

BRETAGNE, *à part, effrayé.* De témoin?..

ALFRED. Je reviens dans un instant! (*Bas, et entraînant Bretagne.*) Suis-moi!.. (*A Lucy.*) Adieu, chère amie!..

BRETAGNE, *bas, et entraîné.* Un duel!.. un disciple de Jean-Jacques! Oh!..

ALFRED, *disparaissant avec lui.* Tais-toi, tais-toi!.. (*Ils sortent par le fond.*)

LUCY, *plus surprise.* Ce trouble n'est pas naturel!.. et je ne puis comprendre!..

CLÉMENCE, *regardant au fond* (4). Je suis tranquille!.. ils ne les rattraperont pas!..

LUCY, *à Clémence qui revient à elle.* Que se passe-t-il donc, Clémence?

1 S. C. A.
2 L. A C.
3 L. A. B. C.
4 L. C.

CLÉMENCE. Dieu soit loué !.. vous voici enfin, Madame !.. Vous avez du courage ?..

LUCY. Que veux-tu dire !.. encore quelque nouveau malheur !..

CLÉMENCE. Non, non, rassurez-vous !.. mais, du courage ! Il en faut peut-être plus pour supporter une grande joie... un bonheur inattendu... que...

LUCY, vivement. Ah ! tu as des nouvelles de Marion ?..

CLÉMENCE, lui faisant signe de se calmer. Quand je vous disais que bien sûr, nous saurions quelque chose le jour de sa naissance !..

LUCY. C'est aujourd'hui !..

CLÉMENCE, regardant la maison. Eh bien !.. si vous me promettiez d'être bien sage, bien raisonnable... j'irais chercher le messager qu'elle a envoyé... (Baissant la voix et montrant la maison.) et qui est là.

LUCY, tremblant de joie. Le messager !..

CLÉMENCE, en souriant. Comprenez-vous ?

LUCY, de même. Ah ! j'ai peur de me tromper !.. mais va vite... va vite... chaque instant de retard me met à la torture !.. (Clémence, après avoir fait un signe expressif à Lucy, rentre dans la maison. — Musique.)

LUCY, seule et s'approchant de la porte à droite. Il serait possible !.. elle !.. elle !.. oh ! je ne puis contenir les battements de mon cœur !.. (Ses regards s'arrêtent avec anxiété sur la porte de la maison, pendant que le docteur Jedler est entré doucement par la gauche.)

LE DOCTEUR, à part et masqué par le pommier (1). Il y a quelque mystère que l'on me cache !.. j'ai vu Lucy... (Clémence paraît sur le seuil de sa maison, conduisant par la main une femme voilée.) Qui vient là ?

LUCY, reculant de quelques pas. O ciel !..

LE DOCTEUR, à part, très-ému. Une femme voilée !..

LUCY. Sa taille !.. sa démarche !..

LE DOCTEUR, se cachant derrière l'arbre. Mon Dieu ! est-ce un songe ?..

CLÉMENCE, bas, à la femme voilée. Reposez-vous sur moi !.. je sais ce qui me reste à faire ! (Elle lui baise la main et sort par le fond.)

<hr>

SCÈNE XIV.

LUCY, MARION, voilée, LE DOCTEUR, caché par l'arbre.

LE DOCTEUR, à part. Je voudrais m'éloigner... et je ne puis !.. (Les deux femmes se regardent un moment avec hésitation, puis, par un mouvement spontané, elles se tendent toutes deux les bras.)

1 D. L.

LUCY. Marion !..

MARION, laissant tomber son voile. Lucy !.. (Elles se jettent au cou l'une de l'autre.)

LE DOCTEUR, s'appuyant contre l'arbre. C'est elle !

LUCY. Marion ! ma sœur bien-aimée !..

MARION. Oui, Lucy... c'est moi... ton enfant qui te revient pour ne plus te quitter !

LE DOCTEUR, prêt à courir à elle, et s'arrêtant. Que dit-elle, ô mon Dieu !..

LUCY, la serrant sur son cœur. Parle, parle... que je t'entende, que je sois bien sûre que c'est toi !.. (Le docteur, après un moment d'hésitation, entre dans le bosquet.)

MARION, avec un soupir. Tu m'aimes donc encore !.. tu ne m'as pas chassée de ton cœur, toi !..

LUCY, elles s'asseyent à gauche. Si je t'aime !.. pauvre sœur !.. (La regardant avec tendresse.) Que de larmes tu nous as fait verser !.. Mais pourquoi partir ?.. pourquoi nous abandonner si longtemps ?.. moi... notre père... Alfred ?

MARION, après un temps et lui serrant la main. Alfred !... Dis-moi... Lucy... tu es heureuse ?.. il t'aime bien.

LUCY, avec abandon. Oh ! la plus heureuse des femmes !

MARION, avec joie. Ah ! grâce au ciel ! Maintenant, je puis tout t'avouer !

LUCY, souriant. M'avouer... ce que j'ai fini par comprendre !.. que tu aimais ailleurs, et que...

MARION, avec un sentiment profond. Non, Lucy... j'aimais Alfred... je l'aimais de toutes les forces de mon âme !.. mais, un jour, je crus m'apercevoir (La regardant avec amour.) qu'une autre l'aimait aussi !.. et s'immolait par tendresse pour moi !.. Son secret qu'elle cachait à tous ceux qui l'entouraient, qu'elle se cachait peut-être à elle-même, moi seul je l'avais surpris... car chaque jour... (Posant la main sur le cœur de Lucy.) mon cœur écoutait le sien.

LUCY, avec un mouvement. Marion !

MARION, avec âme. Alors, il me sembla qu'une puissance inconnue m'élevait au-dessus de moi-même !.. Ce que tu avais fait pour ta sœur, je sentis qu'à mon tour je pourrais le faire pour toi... que j'en aurais la force... et je jurai qu'Alfred serait ton époux !

LUCY, la tête penchée sur son sein. Ma sœur !..

MARION. Chaque soir... je demandais à Dieu de soutenir mon courage !.. Dans cette bataille de la vie, comme disait notre bon père... je voulais remporter la victoire... Je me dis qu'il fallait que je fusse morte pour Alfred !.. qu'il me détestât, qu'il me prît en haine... et je partis !.. (Elles se lèvent.)

LUCY, l'embrassant. Te sacrifier pour moi !.. Mais, ce mari que tu t'es donné sans l'aimer !.. ce M. Warden... pourquoi n'est-il pas venu avec toi ?..

MARION. M. Warden n'est pas mon mari !..

LUCY. Comment?

MARION, *souriant.* Oh!.. chère Lucy ne me regarde pas ainsi avec tes grands yeux effrayés!.. Je suis toujours la Marion.. toujours libre et digne de toi!.. Pour ne laisser dans l'esprit d'Alfred aucun doute, j'avais besoin d'un éclat... mais à quelques pas de la maison, je priai M. Warden de me quitter, de me laisser achever mon voyage toute seule!..

LUCY. Il y consentit?

MARION. Avec peine, je l'avoue!.. mais je ne m'étais pas trompée... c'était un homme d'honneur... (*Souriant.*) J'avais d'ailleurs un petit talisman auquel il avait promis d'obéir!.. Je n'eus qu'à le présenter à M. Warden... Il s'éloigna en me jurant de ne reparaître devant moi que lorsque je le rappellerais!.. Et, depuis dix-huit mois, je ne l'ai pas rappelé!..

LUCY. Mais où t'es-tu donc réfugiée?

MARION. Tu ne devines pas?.. chez notre bonne vieille tante Deborah... à qui j'avais écrit... et qui me reçut à bras ouverts!.. Nous avons vécu là... au fond du pays de Galles... Comme deux bonnes petites religieuses... priant, bavardant, faisant des projets, des confitures... écrivant tous les jours à ce méchant père... (*Avec un soupir.*) qui ne lisait pas une seule de mes lettres!.. Mais, c'est égal, j'aurais toujours continué, si je n'étais tombé malade! (*Le docteur reparaît.*)

LUCY. Toi?

MARION. Oh! bien malade!.. j'avais une peur de ne plus vous revoir!.. La santé ne m'est revenue que lorsque j'ai appris ton mariage. (*En confidence.*) Et, te le dirai-je, Lucy... cette bonne nouvelle m'a fait penser à ce pauvre M. Michaël qui m'avait secondé avec tant de soumission... de dévouement!.. Je me disais qu'il avait été bien bon... bien délicat... et moi, si despote... ah!..

LUCY, *vivement.* Est-ce que tu l'aimerais?..

MARION, *un peu confuse.* Je ne dis pas cela!...

LUCY, *vivement.* Oh! si fait! si fait! aime-le, chère sœur, pour que ce bonheur que je te dois, ne me pèse plus là, comme un remords!..

MARION, *la main sur son cœur.* J'y verrai un peu plus clair dans mon cœur, quand j'aurai embrassé mon père... et qu'il m'aura pardonné.

LE DOCTEUR, *lui ouvrant les bras.* Te pardonner!..

LES DEUX SŒURS, *avec un cri, se jetant dans ses bras.* Ah!..

MARION. Mon père... mon bon père!..

LE DOCTEUR. Ah! c'est à moi de te demander pardon d'avoir pu te soupçonner!

BRETAGNE, *en dehors* Au secours! au secours!

LES MÊMES, BRETAGNE, *puis* ALFRED.

BRETAGNE, *éperdu.* Malheur! malheur! Monsieur Alfred...

LUCY. Mon mari!..

BRETAGNE. Il a rejoint M. Warden dans le petit bois!

MARION. Grand Dieu!..

BRETAGNE. Il y en a un de tué!..

TOUS, *remontant.* Tué!..

ALFRED, *rentrant précipitamment et montrant Michaël qui entre soutenu par Clémence et Smitchey.* Rassurez-vous, Lucy!..

SCÈNE XVI ET DERNIÈRE.

LES MÊMES, WARDEN, *un peu pâle et le poignet entouré d'un mouchoir de soie noire. Smitchey le soutient.*

TOUS. M. Warden!..

WARDEN, *avec un sourire.* C'est encore moi... docteur!.. Il paraît que je suis destiné à vous arriver toujours éclopé, mais cette fois je ne l'ai pas fait exprès!.. je vous le jure!

LE DOCTEUR, *lui saisissant la main.* Blessé!..

WARDEN. Oh! légèrement!

ALFRED, *vivement, se désignant.* Et par un fou, un insensé qui rougit de son emportement!.. Je ne sais quelle rage aveugle m'a fait lever le bras, quand il s'exposait à mes coups... quand il refusé de se défendre!..

MARION, *émue, à Warden.* Quoi! Monsieur!..

ALFRED ET WARDEN, *étonnés.* Marion!..

LE DOCTEUR, *prenant la main de Marion.* Plus digne que jamais de nos respects, de notre amour...

MARION. *à Warden.* Et c'est moi qui suis cause!..

WARDEN, *le regardant.* J'obéissais?.. Et cependant... vous vous taisez? Ah! je devine... (*Avec désespoir.*) J'espérais en vain! (*Faisant un mouvement pour s'éloigner.*) Adieu! adieu!

MARION, à Warden.

Air : Berthe, croyez-moi.

Si je fus pour vous, un guide, un mentor,
Grâce à ces rameaux, précieux trésor...
Lui montrant une petite branche de fleur d'oranger qu'elle tire de son sein.)
Je n'en ai plus qu'un.. restez, je l'ordonne!..
(*Souriant et lui présentant le rameau.*)
Ne voulez-vous pas quand je vous le donne,
M'obéir encore ? (*Bis.*)

WARDEN, *transporté de joie, et couvrant de baisers la main de Marion.* Qu'ai-je entendu?

MARION, *souriant.* C'est le dernier rameau... et mon pouvoir expire!..

WARDEN, *lui baisant la main.* Il sera plus fort que jamais... chère Marion! (*Serrant la main de tous ceux qui l'entourent.*) Docteur! Lucy... Alfred!.. ah! je le sens... je vais mourir de joie...

SMITCHEY, *faisant un bond.* Ah! bon!.. il ne manquerait plus que ça!.. Monsieur! conservez-vous pour votre femme, pour vos enfants!.. je vous le demande comme un service personnel. Dans quelques années, je vous réponds d'une fortune magnifique.

WARDEN, *avec élan et montrant Marion.* Hé! que voulez-vous que j'en fasse? Vous ne me rendrez jamais aussi riche que je le suis à présent!.. Cette fortune, répandez-la sur tout ce qui nous entoure, à commencer par cette bonne Clémence. Achetez-lui cette maison que je lui donne.

CLÉMENCE, *pleurant de joie.* Voilà un mauvais sujet qui est bien le plus honnête garçon!..

BRETAGNE, *la poussant.* Soyez donc philosophe, Clémence; acceptez la fortune avec résignation. (*Saluant Warden.*) En vous remerciant, Monsieur...

SMITCHEY, *au docteur.* Eh bien! docteur... trouvez-vous encore que cette bataille de la vie ne soit qu'un spectacle grotesque... une bouffonnerie?

LE DOCTEUR, *entre ses deux filles qu'il serre sur son cœur.* Oh! non, ce monde est plein de nobles cœurs... et Dieu sait quels trésors sont cachés sous l'enveloppe de sa plus humble créature!

FIN.

LAGNY. — Imprimerie de VIALAT et Cie.

EN VENTE CHEZ LE MÊME ÉDITEUR :

L'Aïeule. 75
Un Monstre de Femme. 60
La Jeunesse de Charles-Quint. 60
Le Vicomte de Létorières. 60
Les Fées de Paris. 60
Pour mon fils. 60
Lucienne. 60
Les jolies Filles de Stilberg. 60
L'Enfant de Chœur. 60
Le Grand Palatin. 60
La Tante mal gardée. 60
Les Circonstances atténuantes. 60
La Chasse aux Vautours. 60
Les Batignollaises. 60
Une Femme sous les Scellés. 60
Les Aides de Camp. 60
Le Mari à l'essai. 60
Chez un Garçon. 60
Jaket's-Club. 60
Mérovée. 60
Les deux Couronnes. 60
Au Croissant d'Argent. 60
Le Château de la Roche-Noire. 60
Mon illustre ami. 60
Talma en congé. 60
L'Omelette Fantastique. 60
La Dragonne. 60
La Sœur de la Reine. 60
La Vendette. 60
Le Poète. 60
Les Informations Conjugales. 60
Le Loup dans la Bergerie. 60
L'Hôtel de Rambouillet. 60
Les deux Impératrices. 60
La Caisse d'Épargne. 60
Thomas le Rageur. 60
Derrière l'Alcôve. 60
La Villa Duflot. 60
Péroline. 60
La Femme à la Mode. 60
Les égarements d'une Canne et d'un Parapluie. 60
Les deux Anes. 60
Foliquet, coiffeur de Dames. 60
L'Anneau d'Argent. 60
Recette contre l'Embonpoint. 60
Don Pascale. 60
Mademoiselle Déjazet au Sérail. 60
Touloulou le Cruel. 60
Hermance. 60
Les Canuts. 60
Entre Ciel et Terre. 60
La Fille de Figaro. 60
Métier et Quenouille. 60
Angélique et Médor. 60
Loïsa. 60
Jocrisse en Famille. 60
L'autre Part du Diable. 60
La Chasse aux Belles Filles. 60
La Salle d'Armes. 60
Une Femme compromise. 60
Patineau. 60
Madame Roland. 60
L'Esclave du Camoëns. 60
Les Réparations. 60
Mariage du Gamin de Paris. 60
Veille du Mariage. 60
Paris bloqué. 60
Un Ménage Parisien. 1
La Bonbonnière. 60
Adrien. 60
Pierre le Millionnaire. 60
Carlo et Carlin. 60
Le Moyen le plus sûr. 60
Le Papillon Jaune et Bleu. 60
La Polka en province. 60
Une Séparation. 60
Le roi Dagobert. 60
Frère Galfâtre. 60
Nicaise à Paris. 60
Le Troubadour-Omnibus. 60
Un Mystère. 60
Le Billet de faire part. 60
Pulcinella. 60
Fiorina. 60
La Sainte-Cécile. 60
Follette. 60
Deux Filles à Marier. 60
Monseigneur. 60
A la Belle Etoile. 60

Un Ange tutélaire. 60
Un Jour de Liberté. 60
Wallace. 60
L'Ecolier d'Oxford. 60
L'Oiseau du Bocage. 60
Paris à tous les Diables. 60
Une Averse. 60
Madame de Cérigny. 60
Le Fiacre et le Parapluie. 60
Morale en action. 60
Liberté Libertas. 60
L'Ile du prince Toutou. 60
Mimi Pinson. 60
L'Article 170. 60
Les Viveurs. 60
Les deux Pierrots. 60
Seigneur des Broussailles. 60
Deux Tambours. 60
Constant la Girouette. 60
L'Amour dans tous les Quartiers de Paris. 60
Madame Bugolin. 60
Petit Poucet. 60
Camoëns. 60
Escadron volant de la Reine. 60
Le Lansquenet. 60
Une Voix. 60
Agnès Bernau. 60
Amours de M. et Mme Denis. 60
Porthos. 60
La Pêche aux Beaux-Pères. 60
Révolte des Marmousets. 60
Le Troisième Mari. 60
Un premier Souper de Louis XV. 60
L'Homme à la Mode. 60
Une Confidence. 60
Le Ménétrier. 60
L'Almanach des 25,000 Adresses. 60
Une Histoire de Voleurs. 60
Les Murs ont des Oreilles. 60
L'Enseignement Mutuel. 60
La Charbonnière. 60
Le Code des Femmes. 60
On demande des Professeurs. 60
Le Pot aux Roses. 60
La Grande Bourse et les Petites Bourses. 60
L'Enfant de la Maison. 60
Riche d'Amour. 60
La Comtesse de Morange. 60
L'Amazone. 60
La Gloire et le Pot-au-Feu. 60
Les Pommes de terre malades. 60
Le Marchand de Marrons. 60
V'là ce qui vient d'paraître. 60
La Loi salique. 60
Nuage au Ciel. 60
L'Eau et le Feu. 60
Beaugaillard. 60
Mardi Gras. 60
Le Retour du Conscrit. 60
Le Mari perdu. 60
Dieux de l'Olympe à Paris. 60
Le Carillon de Saint-Mandé. 60
Geneviève. 60
Mademoiselle ma Femme. 60
Mal du Psya. 60
Mort civilement. 60
Garde-Malade. 60
Fruit défendu. 60
Un Cœur de Grand'Mère. 60
Nouvelle Clarisse Harlowe. 60
Pièce Ventadour. 60
Nicolas Poulot. 60
Roch et Luc. 60
La Protégée sans le savoir. 60
Une Fille Terrible. 60
La Planète à Paris. 60
L'Homme qui se cherche. 60
Maître Jean. 60
Ne touchez pas à la Reine. 60
Une année à Paris. 60
Irène ou le Magnétisme. 60
Amour et Biberon. 60
En Carnaval. 60
Bal et Bastringue. 60
Un Bouillon d'onze heures. 60
Cour de Biberach. 60
D'Aranda. 60
Femme qui se jette par la fenêtre. 60

Avocat Pédicure. 60
Trois Paysans. 60
Chasse aux Jobards. 60
Mademoiselle Grabutot. 60
Père d'occasion. 60
Croquignole. 60
Henriette et Charlo[tte]. 60
Le Chevalier de Saint-Remy. 60
Malheureux comme un Nègre. 60
Un Vœu de jeune Fille. 60
Secours contre l'Incendie. 60
Chapeau Gris. 60
Sans Dot. 60
La Syrène du Luxembourg. 60
Homme Sanguin. 60
La Fille obéissante. 60
Tantale. 60
Deux Loups de Mer. 60
Olnéa. 60
La Croisée de Berthe. 60
La Fillule à Nicot. 60
Les Charpentiers. 60
Mademoiselle Faribole. 60
Un Cheveu blond. 60
Les Impressions de Ménage. 60
L'Homme aux 160 Millions. 60
Pierret Posthume. 60
La Déesse. 60
Une Existence décolorée. 60
Elle... ou la Mort! 60
Didier l'honnête Homme. 60
L'Enfant de quelqu'un. 60
Les Chroniques bretonnes. 60
Haydée ou le Secret. 1
L'Art de ne pas donner d'Étrennes. 60
Le Puff. 1
La Tireuse de Cartes. 60
La Nuit de Noël. 1
Christophe le Cordier. 60
La Rose de Provins. 60
Les Barricades de 1848. 60
34 Francs! ou sinon!... 60
La Fille du Matelot. 60
Les deux Pommacés. 60
La Femme blasée. 60
Les Filles de la Liberté. 60
Hercule Belhomme. 60
Don Quichotte. 60
L'Académicien de Pontoise. 60
Ah! Enfin! 60
La Marquise d'Aubray. 60
Le Gentilhomme campagnard. 60
Les Peureux. 60
Le Chevalier de Beauvoisin. 60
Le Gentilhomme de 1847. 60
La Rue Quincampoix. 60
L'Ange de un Tante. 60
La République de Platon. 60
Le Club des Maris. 60
Oscar XXVIII. 60
Une Chaine Anglaise. 60
Un Petit de la Mobile. 60
Histoire de rire. 60
Les vingt sous de Périnette. 60
Le Serpent de la Paroisse. 60
Agénor le Dangereux. 60
Roger Bontemps. 60
L'Été de la Saint-Martin. 60
Jeanne la Folie. 1
Les suites d'un Feu d'Artifice. 60
O Amitié!.. ou les trois Epoques. 60
La Propriété, c'est le Vol. 60
La Poule aux Œufs d'Or. 60
Elevés ensemble. 60
L'Hôtellerie de Genève. 60
A bas la Famille ou les Banquets. 60
Daniel. 1
Le Voyage de Nannette. 60
Titine à la Cour. 60
Le baron de Castel-Sarrazin. 60
Madame Marneffe. 1
Un Gendre aux Epinards. 60
Madame veuve Larifla. 60
La Reine d'Yvetot. 60
Les Manchettes d'un Vilain. 60
Le Duel aux Mauviettes. 60
Les Filles du Docteur. 60
Un Turc pris dans une porte. 60
Les Grenouilles qui demandent un Roi. 60

Ce qui manque aux Grisettes. 60
La Poésie des Amours et... 60
Les Viveurs de la Maison-d'Or. 60
Un Troupier dans les Confitures. 60
Ma Tabatière. 60
Gracioso. 60
E H. 60
Trompe-la-Balle. 60
Un Vendredi. 60
Le Gibier du Roi. 60
Bread-Street. 60
Adrienne Lecouvreur. 1
Sans le Vouloir. 60
Les Femmes socialistes. 60
Le Mobilier de Bamboche. 60
Les Beautés de la Cour. 60
La Famille. 60
L'Hurluberlu. 60
Un Cheveu pour deux têtes. 60
L'Ane à Baptiste. 60
Les Prodigalités de Bornerette. 60
Les Bourgeois des Métiers. 60
La Graine de Mousquetaires. 60
Les Faubourgs de Paris. 60
La Montagne qui accouche. 60
Le Juif-Errant. 60
Adrienne de Carotteville. 60
Un Socialiste en Province. 60
Le Marin de la Garde. 60
Une Femme qui a une jambe de bois. 60
Mauricette. 60
Une Semaine à Londres. 60
Le Cauchemar de son propriétaire. 60
Le Marquis de Carabas. 60
La Ligue des Amants. 60
Les Sept Billets. 60
Passe-temps de Duchesse. 60
Les Cascades de Saint-Cloud. 60
Lorettes et Aristos. 60
Les Compatriotes 60
Un Tigre du Bengale. 60
Le Congrès de la Paix. 60
Les Représentants en vacances. 60
Les Grands Écoliers en vacances. 60
Un Intérieur comme il y en a tant! 60
Le Moulin Joli. 60
La Rue de l'Homme-Armé. 60
Le Fée aux Roses. 1
Babet. 60
Un Lièvre en sevrage. 60
Evelyne. 60
Trumeau. 60
Mademoiselle Carillon. 60
L'Héritier du Czar. 60
Rhum. 60
Les Associés. 60
Les Fredaines de Troussard. 60
Les Partageux. 60
Daphnis et Chloé. 60
Malbranchu. 60
La fin d'une République. 60
La Croix de Saint-Jacques. 60
Paris sans impôts. 60
Un Quinze-Vingt. 60
Les Gardes françaises. 60
Les Vignes du Seigneur. 60
La Perle des Servantes. 60
Un ami malheureux. 60
Un de perdu, une de retrouvée. 60
La République des lettres. 60
Figaro en prison. 60
La Dame de Trèfle. 60
Le Ver luisant. 60
Les Secrets du Diable. 60
Deux vieux Papillons. 60
La Mariée de Poissy. 60
L'Homme aux Souris. 60
Le Baiser de l'Etrier. 60
Planète et Satellites. 60
Héloïse et Abailard. 60
Une Veuve inconsolable. 60
A la Bastille. 60
Jean Bart. 60
Les Pupilles de dame Charlotte. 60
Le Jour de Charité 60
Un Fantôme. 60
Les Nains du Roi. 60

SUITE DU CATALOGUE.

Titre	Prix	Titre	Prix
Les trois Bacan.	60	Les Néréides et les Cyclopes.	60
Les Sociétés secrètes.	60	Poste restante.	60
Le Chevalier de Servigny.	60	Le Portier de sa Maison.	60
C'en était un.	60	Les Compagnons d'Ulysse.	60
Les trois Dondon.	60	Le Roi des Drôles.	60
Giralda.	»	La Mère Moreau.	60
La première chanson de Gallet.	60	La Queue du Diable.	60
Méphistophélès.	60	Le Bal de la Halle.	60
L'Alchimiste.	60	Méridien.	60
Le père Nourricier.	60	La première Maîtresse.	60
Grassot embêté par Ravel.	60	La Jolie Meunière.	60
La Société du Doigt dans l'Œil.	60	La tante Ursule.	60
L'Hôtesse de Saint-Éloy.	60	Mademoiselle de Navailles.	60
La Fille bien gardée.	60	Prunes et Chinois.	60
Le Jour et la Nuit.	60	Histoire d'une Femme mariée.	60
Plaisir et Charité.	60	Les Mystères d'Udolphe.	»
Marié au second Garçon au cinquième.	60	Une Poule Mouillée.	60
Un Bal en robe de chambre.	60	Sullivan.	»
Né Coiffé.	60	Taconnet.	60
Le Ménage de Rigolette.	60	Alice ou l'Ange du Foyer.	60
Le Pont Cassé.	60	Marco Spada.	»
Un Valet sans Livrée.	60	Tabarin.	60
Le Paysan.	60	Les Abeilles et les Violettes.	60
Charles le Téméraire.	60	Le Lutin de la Vallée.	60
L'Anneau de Salomon.	60	Le Baromètre des Amours.	60
Supplice de Tantale.	60	Habitez donc votre immeuble?	60
Les Infidélités Conjugales.	60	Le Miroir.	60
Les Petits Moyens.	60	Richelieu.	»
Les Escargots sympathiques.	60	On dira des bêtises.	60
La Grenouille du Régiment.	60	Le Carnaval des Maris.	60
Les Tentations d'Antoinette.	60	Un Festival.	60
La baronne Bergamotte.	60	Une jolie Jambe.	60
Les Extases de M. Hochenez.	60	Le Voyage d'une Épingle.	60
Le Journal pour rire.	60	Les Amours du Diable.	60
Le Renard et les Raisins.	60	Les Postillons de Crèvecœur.	60
La Belle au Bois dormant.	60	Les Orientales.	60
La Course aux Pommes d'Or.	60	L'amour, qué qu' c'est que ça?	60
Christian et Marguerite.	60	La Vie à bon marché.	60
L'Avocat Loubet.	60	La Lettre au bon Dieu.	60
Royal-Tambour.	60	L'ombre d'Argentine.	60
Mam'zelle fait ses dents.	60	Faute de mieux.	60
Le vol à la Roulade.	60	Cadet-Roussel, Damollet, Gribouille et Cie.	60
La Fée Cocotte.	60	Fraîchement décorée.	60
Mon ami Babolin.	60	Sir John Zabronff.	60
Le Palais de Cristal.	60	Les Aides de champ du Général.	60
Passiflor et Cactus.	60		
Le Duel au Baiser.	60		
Les Trois Ages des Variétés.	60		
English Exhibition.	60		
Blondette.	60		
Histoire d'une Rose et d'un Croquemort.	60		
L'Agent secret.	60		
Drinn-Drinn.	60		
Une Paire de Pères.	60		
Les Giboulées.	60		
Un Monsieur qui n'a pas d'habit.	60		
Mignon.	60		
La Chasse aux Grisettes.	60		
Voilà plaisir, Mesdames!	60		
La Vénus à la Fraise.	60		
Les deux Prud'hommes.	60		
M. Barbe-Bleue.	60		
Une Queue Rouge.	60		
Le Pour et le Contre.	60		
Le Puits mitoyen.	60		
Trois Amours de Pompiers.	60		
Les Bloomeristes ou la réforme des Jupons.	60		
Le Laquais d'un negre.	60		
Los Dansores espagnolas.	60		
Madame Schlick.	60		
Le Prince Ajax.	60		
Les Enfants de la Balle.	60		
L'Ami de la maison.	60		
La Marquise de La Bretêche.	60		
Une Veuve de 15 ans.	60		
Une passion à la Vanille.	60		
Un service à Blanchard.	60		
L'Original et la Copie.	60		
Une rivière dans le dos.	60		
Cinq Gaillards dont deux Gaillardes.	60		
Un Frère terrible.	60		
Une Vengeance.	60		
Une petite Fille de la Grande Armée.	60		
La Fille d'Hoffmann.	60		
Un soufflet n'est jamais perdu.	60		
Les Femmes de Gavarni.	»		
La Maîtresse d'été et la Maîtresse d'hiver.	60		
Les Echelons du mari.	60		

www.ingramcontent.com/pod-product-compliance
Lightning Source LLC
Chambersburg PA
CBHW051343060726
47596CB00004B/1745